32 ideias

divertidas
que auxiliam o
aprendizado para o
Ensino Fundamental

Dados Internacionais de Catalogação na Publicação (CIP)
(Câmara Brasileira do Livro, SP, Brasil)

Dohme, Vania
32 ideias divertidas que auxiliam o aprendizado para o Ensino Fundamental / Vania Dohme. – Petrópolis, RJ : Vozes, 2014.
Bibliografia
ISBN 978-85-326-4862-4
1. Aprendizagem – Metodologia (Ensino Fundamental) 2. Atitividades criativas 3. Educação fundamental – Programas de atividades 4. Jogos educativos 5. Trabalho em grupo em educação I. Título.

14-09011 CDD-372.24

Índices para catálogo sistemático:
1. Atividades pedagógicas : Aprendizagem : Ensino Fundamental : Educação 372.24
2. Aprendizagem : Atividades pedagógicas : Ensino Fundamental : Educação 372.24

Vania Dohme

32 ideias

divertidas
que auxiliam o
aprendizado para o
Ensino Fundamental

EDITORA
VOZES

Petrópolis

© 2014, Editora Vozes Ltda.
Rua Frei Luís, 100
25689-900 Petrópolis, RJ
www.vozes.com.br
Brasil

Diretor editorial
Frei Antônio Moser

Editores
Aline dos Santos Carneiro
José Maria da Silva
Lídio Peretti
Marilac Loraine Oleniki

Secretário executivo
João Batista Kreuch

Editoração: Gleisse Dias dos Reis Chies
Diagramação: Sheilandre Desenv. Gráfico
Capa: Cumbuca Studio

ISBN 978-85-326-4862-4

Editado conforme o novo acordo ortográfico.

Este livro foi composto e impresso pela Editora Vozes Ltda.

Sumário

SIGA

Objetivos

ou por que usar este livro...

Este livro apresenta atividades que podem ser aplicadas em sala de aula como reforço de aprendizagem.

Seu objetivo principal, porém, é oferecer oportunidades para que as crianças façam isso de forma agradável, da " sua" maneira: investigando, trocando ideias, respondendo a desafios, construindo.

As ideias aqui apresentadas, que somam um total de trinta e duas, têm todas um ponto comum: deslocam o eixo central para o aluno. Ele passa a ser o centro da ação. Isto não quer dizer que diminui a importância do educador. Pelo contrário: ao mudar a forma de interação, de transmissor de conhecimentos, o professor passa para o papel de provocador de situações e de agente motivador, para que os alunos aprendam conceitos por si só, cada um ao seu ritmo.

Outro aspecto explorado nestas atividades é a procura de uma formação mais ampla, que não só contemple o currículo tradicional, mas que também o extrapole na busca por uma relação social maior entre os alunos, trazendo para a discussão assuntos ligados à dignidade, à igualdade e à participação ativa na sociedade.

Buscando orientação nos conceitos atuais dos Parâmetros Curriculares Nacionais, dando especial ênfase aos temas transversais, esta obra pretende ser uma ferramenta, principalmente para aqueles que acreditam que uma formação voltada para a cidadania é o princípio de novos tempos, certamente mais justos e promissores.

Legenda

Desenvolvimento da atividade:

ar livre

sala de aula

Necessita de material não usual na sala de aula:

sim

não

Grau de complexidade para a participação dos alunos:

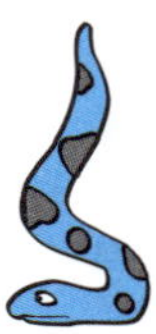

fácil

média complexidade

difícil

Organização dos alunos para a participação:

Enfoca aspectos das disciplinas:

Mãos

à obra

ou: a seguir as atividades que
tornarão suas aulas mais
divertidas e
produtivas...

1 Quebra-cabeça de alimentos

Objetivo:

Demonstrar o que é equilíbrio alimentar.

Permite a abordagem de tema transversal:

Saúde: A necessidade de uma alimentação equilibrada para a manutenção da saúde.

Você precisará:

Do quebra-cabeça de quatro peças (desenhado no final deste capítulo) na proporção de 1 para 4 alunos. Cada uma das peças deve ter uma cor diferente.

Do esquema do quebra-cabeça em um folha, para que ele possa orientar a montagem.

Dicas que auxiliam:

Caso haja facilidade na confecção do quebra-cabeça, a atividade poderá ser desenvolvida individualmente.

Se houver tempo, as próprias crianças poderão fazer o quebra-cabeça em uma aula anterior.

Preparação:

Os alunos se formam em grupos de 4. As peças são embaralhadas de forma que cada grupo receba peças repetidas (três de uma cor e uma de outra/duas de uma cor e duas de outra). Distribui-se uma folha guia para cada grupo.

Desenvolvimento:

O professor explica que fará com eles um quebra-cabeça com peças de cores diferentes representando: vermelha – proteínas; amarela – gorduras; azul – carboidratos; verde – vitaminas e minerais.

Pede-se que as crianças de cada grupo montem o quebra-cabeça, inicialmente somente com as suas peças.

Como não será possível formar o quadrado apresentado na folha guia, autoriza-se que eles troquem as peças entre os grupos até que consigam montá-lo.

Depois que terminarem, faz-se uma analogia ao jogo feito e à necessidade alimentar do ser humano. É necessário um equilíbrio perfeito para a alimentação saudável, tal como demonstrado no quebra-cabeça. Ou seja, o grupo que possui dois amarelos e nenhum verde é como um corpo que consome muita gordura, mas nenhuma vitamina. Não dá certo! Para montar o quadrado são necessárias todas as peças. Para manter o corpo saudável é preciso uma alimentação completa e equilibrada.

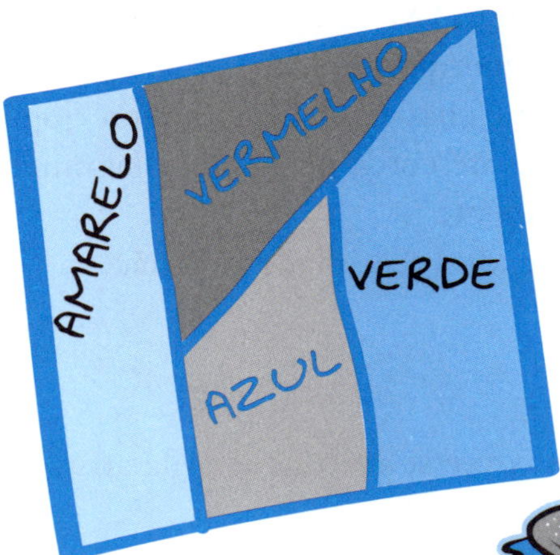

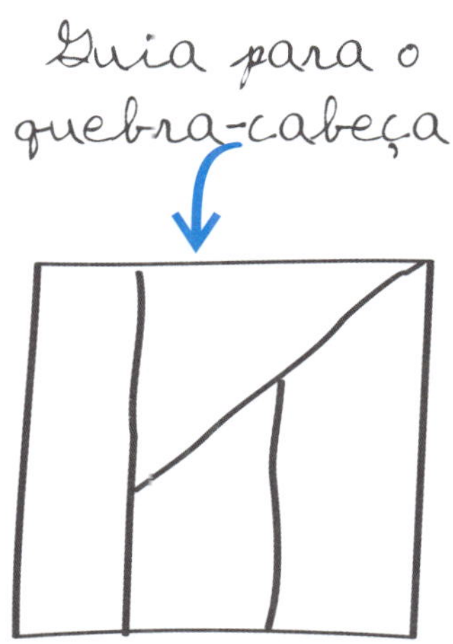

2 Pontuação

Objetivo:
Fazer um treinamento de pontuação.

Permite a abordagem de tema transversal:
Pluralidade cultural: O texto apresenta o cotidiano de meninos com realidade bem diferente da nossa. Poderá ser feito um debate após a atividade.

Você precisará:
De uma folha por grupo com o texto "Meninos como eu!" escrito de forma clara, mas sem qualquer pontuação.
Do diagrama de pontos, riscado no chão com giz como um "jogo de amarelinha" e uma linha distante cerca de 2m do diagrama, para ser a "plataforma de lançamento".
De uma pedra para lançar no quadro desenhado no chão.

Preparação:
Entrega-se o texto a cada grupo.
Pede-se para cada grupo ler o texto e se colocar em fila atrás da plataforma de lançamento.

Desenvolvimento:
Um representante de cada grupo jogará a pedra no quadro de pontuação da plataforma de lançamento. Ele poderá mirar na pontuação que desejar. Uma vez lançado, terá "comprado" esta pontuação e poderá usá-la no texto. A pontuação, em caneta

vermelha, será feita após discussão com o grupo sobre qual a colocação correta.

Cada quadrado deverá ter aproximadamente 50cm de lado.

Faz-se um número de rodadas igual ao número de alunos de cada time. Se houver interesse e tempo suficiente, joga-se as vezes necessárias para acabar com todas as pontuações.

No término, faz-se a leitura do texto, explicando-se cada pontuação para que os próprios alunos façam a correção.

Dá-se um ponto a cada pontuação correta.

Vence o grupo que tiver somado mais pontos.

Se o arremesso atingiu um ponto que não serve ou que já foi colocado no texto, ele deverá ser descartado.

Regras:

A pedra arremessada somente “comprará” a pontuação se cair no interior do retângulo correspondente. Caindo nas riscas, estará “queimada” a jogada.

Meninos como eu!

Suchart vive na Tailândia num templo chamado Wat Tanot Está estudando para ser monge budista Ele tem 12 anos e nasceu em 2524 da era budista ou seja 2524 anos depois da morte de Buda Quando crescer será monge e terá uma vida muito simples Sua alimentação também é simples arroz peixe verduras e legumes

Kang Young-Koo vive em Seul capital da Coreia Sua família come peixe ensopado arroz carne de porco e repolho cozido E sempre de palitinhos Seu prato preferido chama kimchi que é o prato mais popular da Coreia

Swelali mora na África oriental Ela usa um colar de contas muito grande no pescoço Sua obrigação é ir buscar água para a família todo dia e para isso ela precisa andar 6km Será que ela fica cansada

Oscar vive numa vila às margens do lago Titicaca na Bolívia América do Sul Ele ajuda sua mãe a colher batatas e a cuidar de animais E o que mais gosta de fazer é assistir na TV os jogos da Copa do Mundo de futebol

3 Pares e ímpares

Objetivo:
Identificar os números pares e ímpares.

Você precisará de:
50 canudos, de duas cores diferentes, para refrigerante.

Regras:
Para que todos tenham chances iguais, os alunos não podem levantar da carteira.

Preparação:
Divide-se a classe em dois times: o da direita e o da esquerda. Para o desenvolvimento do jogo, serão utilizadas duas fileiras de cada time, tendo cada uma o mesmo número de alunos. Para cada um deles, coloca-se um outro aluno (além daqueles que fazem parte da fileira), que será o "capitão". Para cada time determina-se uma cor de canudinho.
A primeira fila de cada grupo se chamará "fila dos pares" e a segunda, "fila dos ímpares" *(Veja diagrama)*.

Desenvolvimento:
Escolhe-se um determinado número que esteja entre 1 e 50. Separa-se este número de canudos para cada cor, dando o número de canudos certo e de uma das cores a cada capitão (pode-se pedir ajuda para 2 ou 3 alunos que "sobraram").
Ao sinal de "comando", cada capitão, começando pela fileira dos ímpares, entregará um canudo para cada aluno de "suas"

fileiras, alternando, sucessivamente, os alunos da "fileira dos ímpares" com os alunos da "fileira dos pares".

Terminada a distribuição, o aluno que recebeu o último canudo levanta e grita: *O número X é ímpar!* Se estiver certo, vence quem terminou (e gritou) primeiro. Caso não esteja certo, o próximo a gritar levará o ponto (é claro: se classificar o número corretamente!)

Vence o time que fizer mais pontos.

Terminada cada rodada, o professor poderá enfatizar: *Então vimos que o número 27 é ímpar! O número 12 é par!*

Dicas que auxiliam:

No começo pode haver confusão e, pela pressa, que nenhuma das equipes acerte. Deve-se, então, exemplificar apenas com um time (duas fileiras) e bem devagarzinho (pode-se até "brincar" de *câmera lenta*).

Para brincar e fixar melhor, poderão ser escolhidos números baixinhos (1 ou 2). Os números mais altos serão usados depois que a classe aprendeu como a brincadeira se desenvolve.

Se os alunos de cada time estiverem numerados, poderão acompanhar melhor o jogo.

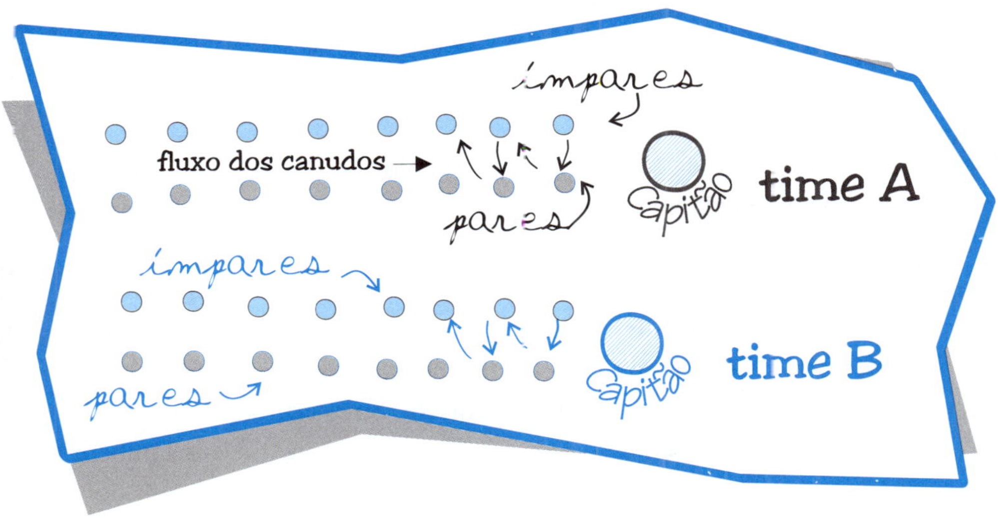

4 Brincando de plural

Objetivo:

Fazer com que as crianças aprendam a usar o plural.

Você precisará:

De um jogo de cartões para cada fileira da classe, em número igual ao dos alunos, com as seguintes terminações: os, as, ões, ãos, ães, repetindo-se as terminações, se necessário, dando-se preferência às terminações os e as. Os jogos de cartões deverão conter as mesmas terminações para cada fileira.

De "quadro-negro" e giz (ou similares).

Preparação:

Distribuem-se os cartões aos alunos da classe que deverão mantê-los em cima da carteira virados para baixo.

Desenvolvimento:

Tendo a atenção da classe, o professor coloca no "quadro-negro" (ou similar) uma palavra qualquer e dá uma palma. A título de exemplo, digamos que a palavra seja: SAPO.

Neste momento, cada participante vira o seu cartão e verifica se a terminação que possui é a que corresponde à palavra colocada pelo professor. O jogo inicia-se pelos últimos alunos de cada fileira, que observarão se sua terminação é a correta. Se a terminação não estiver certa, passa o seu cartão para o aluno da frente. Se este também não estiver de posse do cartão que faz o plural correto, junta os dois cartões e passa-os ao companheiro que estiver sentado à sua frente.

O procedimento correrá sucessivamente até que os cartões cheguem ao aluno que está de posse do cartão correto, que, nesse caso, será aquele que tem o cartão com final <u>os</u> (SAPO – SAPOS).

Esse aluno deverá, o mais rápido possível, gritar a palavra no plural, no caso: SAPOS.

Quem gritar primeiro e corretamente (ou seja, está de posse do cartão que faz o plural da palavra solicitada) dá um ponto à sua fileira, observando que só poderá gritar o nome quando estiver com todos os cartões na mão!

Embaralham-se os cartões e distribuem-se novamente um jogo de cartas para cada uma das fileiras de forma aleatória.

Como os alunos de uma mesma posição nas fileiras não terão necessariamente cartões com terminações iguais, o jogo é uma combinação de avaliação de conhecimentos e de sorte.

Regras:

Os alunos que possuírem os cartões com as terminações que não correspondem àquela da palavra solicitada na rodada deverão passá-los para a frente até que encontrem o aluno com a terminação correta.

O aluno que tiver a terminação correta e passá-la para a frente desatentamente dará um ponto negativo a sua fileira, o mesmo acontecendo com aquele que, mesmo possuindo a terminação correta, grita o plural da palavra antes de receber os cartões de seus companheiros de trás.

Dicas que auxiliam:

O número de alunos de cada fileira deverá ser igual.

5 Aumentativo e diminutivo

Objetivo:

Fixar o aumentativo e o diminutivo de algumas palavras.

Você precisará:

De um papel dividido ao meio para cada aluno: metade com o aumentativo de determinadas palavras, metade com o diminutivo das mesmas palavras.

Preparação:

Divide-se a sala no sentido do comprimento. Uma turma será dos "grandões"; outra, dos "pequeninos".

Distribuem-se as metades do papel: aumentativos para os "grandões"; diminutivos para os "pequeninos".

Na frente da sala coloca-se algo que faça um bom ruído: um sino, uma lata, um chocalho, um tambor etc.

Desenvolvimento:

Coloca-se uma das palavras escolhidas no "quadro-negro" (ou similar) e faz-se o ruído com o objeto apropriado (tocar o sino, por exemplo).

Neste momento, aqueles alunos que tiverem o aumentativo e o diminutivo da palavra correm para a frente com o intuito de tocar o objeto ruidoso lá colocado. Aquele que chegar primeiro e estiver correto dará um ponto ao seu time (grandões ou pequeninos).

Os alunos poderão ser chamados mais de uma vez. Isto evitará que aqueles que já foram chamados, sentindo-se fora do jogo, percam o interesse e atrapalhem os demais.

6 Bingo de continhas

Objetivo:
Incentivar o aprendizado de contas simples.

Você precisará:
De cartelas de bingo comum, bolas com números para o sorteio ou papéis com os números de bingo (1 a 75).

Preparação:
Dá-se a cada aluno uma cartela de bingo comum.

Desenvolvimento:
O professor sorteia um número de bingo e coloca-o no "quadro-negro" (ou similar). Em seguida, sorteia mais um número e coloca, entre os dois, o sinal que achar mais conveniente (+ ou -) para indicar uma adição ou uma subtração.
Cada aluno deverá efetuar a operação e verificar se tem na sua cartela o resultado. Em caso positivo, marcá-lo. Vence quem fizer a primeira sequência de números (ou como se julgar suficiente dimensionar). A classe toda participa da conferência das contas da cartela vencedora.

Dicas que auxiliam: Como número máximo nas cartelas de bingo é 75, o professor, observando os números sorteados, deverá colocar o sinal + ou - para que o resultado fique dentro desta faixa (1 a 75).
Caso o resultado de determinada conta já tenha sido marcado antes, valerá o número imediatamente subsequente e ainda não assinalado.

7 Repórter cultural

Objetivo:
Exercitar formas de expressão oral.

Permite a abordagem de tema transversal:
Ética: Construção da autoestima e fortalecimento do respeito pelos companheiros através da busca de identidade. Proporciona um convívio de respeito e de solidariedade.
Pluralidade cultural: Dá uma visão das diferenças culturais e proporciona um ambiente de respeito a estas diferenças.

Preparação:
Os alunos deverão colar em uma folha de papel-ofício recortes de revistas, desenhos ou fotos com imagens que representem as seguintes preferências ou situações de suas famílias:
• comida preferida;
• música (ou gênero musical) preferido;
• forma de diversão (assistir televisão, ir ao clube etc.);
• lugar de nascimento dos avós ou dos pais (cartão postal, desenho ou nome escrito de uma forma criativa);
• desenho ou foto de um objeto de sua casa que represente algo importante (uma imagem de santo; um amuleto; o símbolo de uma sociedade, de um clube etc.).
Cada trabalho deverá trazer o nome de seu autor.

Desenvolvimento:
Com todos os trabalhos em mãos, divide-se a classe em dois grupos (somente para os trabalhos se desenvolverem com maior

ganização) e cada grupo faz uma exposição afixando seus trabalhos numa das paredes da classe.

Cada um dos grupos é dividido em 5 equipes de repórteres: cada um fará uma reportagem de como o seu grupo (que representa metade dos alunos da classe) se coloca em relação a cada assunto. Assim, uma dessas equipes pesquisará como os alunos de seu grupo se posicionam em relação à comida preferida; outro pesquisará em relação à música, e assim por diante.

O objetivo desta pesquisa é mostrar a identidade entre os alunos relatada numa pequena estatística para evidenciar e valorizar coisas diferentes, incomuns.

No caso da equipe que fará reportagem sobre a comida, o resultado poderá ser assim: 8 famílias de alunos preferem arroz com feijão, 5 famílias preferem macarronada, 3 preferem frango com polenta e uma prefere sushi.

Terminada a fase da reportagem, a classe retorna à posição normal e cada equipe vai até a frente para apresentar o seu relatório. Podem-se apresentar, sucessivamente, as equipes que trabalharam com o mesmo assunto, por exemplo: apresenta-se a equipe que catalogou o assunto comida de um grupo (metade da classe) e, em seguida, a equipe que também catalogou comida da outra metade da classe. Como a atividade não é competitiva, o professor procurará fazer uma soma dos resultados obtidos para ter um panorama geral dos costumes do pessoal da classe.

Para que as identidades sejam evidenciadas pede-se que todas identificadas em determinado item levantem as mãos e cumprimentem-se. Se houver tempo e disposição, pode-se pedir para que aqueles que tenham gostos idênticos façam um "grito de guerra", por exemplo: feijão, feijão, feijão, isto que é bom! Rá, rá, rá! minha turma veio do Ceará! etc.

As peculiaridades também devem ser evidenciadas. Por exemplo: o aluno cuja família gosta de sushi poderá explicar como ele se apresenta, seu paladar e até se comprometer em trazer uma foto ou mesmo uma amostra!

8 Jogo do dicionário

Objetivo:

Estimular a utilização do dicionário.

Permite a abordagem de tema transversal:

Ética: Valoriza a solidariedade e a cooperação.

É um jogo de equipe em que se treina a atenção e o trabalho em conjunto. Provavelmente todos os alunos vão querer ser o "capitão" e ter a ação principal no jogo, mas isto acontecerá apenas uma vez. Nas outras rodadas, os alunos entenderão que precisam "dar suporte" ao capitão para que a equipe vença o jogo.

Você precisará:

Pedir que todos os alunos tragam um dicionário. Providenciar um dado ou saquinho contendo papéis de 1 a 6 (para usar no sorteio como um dado). Riscar no chão os diagramas "a" e "b". Ter uma pedra para jogar no diagrama "à moda amarelinha".

Preparação:

A competição se dará por fileiras. O professor ou a própria equipe deverá escolher um "capitão" para cada uma delas. Cada aluno deverá estar de posse de seu dicionário.

Desenvolvimento:

Jogará uma fileira de cada vez. O "capitão" da primeira vai até a frente e lança o dado ou retira um número do saquinho. Este número significa quantas vezes ele poderá jogar a pedra nos diagramas "a" (vogais) e "b" (consoantes). O "capitão" lançará a pedra o número de vezes sorteado e poderá escolher se iniciará pelo diagrama "a" ou "b". As próximas jogadas serão sempre alternadas entre os diagramas "a" ou "b".

O professor colocará no "quadro-negro" (ou similar) as palavras sorteadas. Terminado o número de lançamentos, o restante da equipe deverá procurar no dicionário uma palavra que comece com as letras que foram sorteadas, na ordem escrita no "quadro-negro" (ou similar). Quem acertar dará um ponto à sua fileira.

Terminada a jogada será a vez da próxima fileira, que procederá da mesma forma. Vence a equipe que fizer cinco pontos ou quando o professor julgar que decaiu o interesse.

Diagrama a

Regras:

Se a pedra cair em uma risca ou fora do diagrama, nenhuma letra poderá ser acrescida: deve-se atirar a pedra no outro diagrama.

Muitas vezes não será possível formar palavras, mas isto não tem importância, pois o jogo combina conhecimento e sorte, além de forçar o "capitão" a pensar em suas jogadas.

Dicas que auxiliam:

Pode-se escolher um aluno de cada vez para ser o "capitão".

Fixar em seis o número de lançamentos dificulta o jogo, pois resulta na possibilidade de começar uma palavra até com seis letras. Assim, pode-se decidir que o sorteio inicial se restringirá a três ou a duas letras.

Diagrama B

9 Fraquinhos se alimentando

Objetivo:
Fixar a divisão dos alimentos em grupos.

Permite a abordagem de tema transversal:
Ética: Mostra como as diferenças podem ser complementares.
Saúde: Evidencia a importância de uma dieta equilibrada.

Você precisará de:
Tiras de papel crepom de 4 cores diferentes no total de uma vez e meia o número de alunos da classe. Fita adesiva e giz.

Preparação:
Traçam-se no chão quatro círculos de aproximadamente 2m de diâmetro, distantes 3m uns dos outros.
Escolhem-se alguns alunos, na proporção de 1 para cada 5 (4 para uma sala de 20, 6 para uma sala de 30 e assim por diante). Eles serão os "fraquinhos". Os demais serão os "alimentos", que devem ser divididos em quatro grupos, da seguinte forma: as proteínas, os carboidratos, as vitaminas e as gorduras. Cada grupo de alimentos terá uma cor, e cada um de seus elementos se identificará com uma fita de papel crepom, da cor de seu grupo, afixada com fita adesiva na manga. Para iniciar o jogo cada "grupo de alimentos" ocupará livremente um dos círculos.

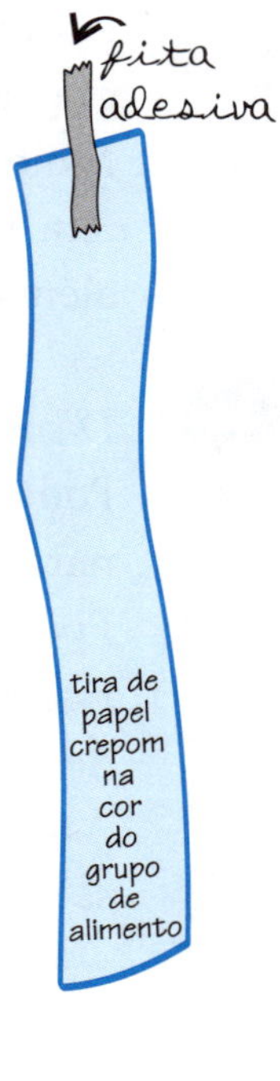

Desenvolvimento:

O objetivo do jogo é fazer os fraquinhos se alimentarem. Eles farão isso arrancando a fita do braço de qualquer um dos "alimentos". Os "alimentos" somente estarão a salvo quando estiverem dentro de um dos círculos.

O jogo começa ao som de uma música (as crianças que quiserem poderão acompanhar dançando). Quando a música para, o professor dará a ordem de trocar de círculo:

Gorduras, troquem com carboidratos! Vitaminas, troquem com proteínas!

Os alunos, representando cada qual o seu grupo, trocam de círculo conforme as indicações. Ou seja: se a ordem for *gorduras troquem com carboidratos*, os alunos que representam gordura deverão correr para ocupar o círculo que está sendo ocupado pelos "carboidratos" e vice-versa.

Este é o momento em que os "fraquinhos" podem se alimentar; o que farão arrancando as tiras de crepom do braço dos "alimentos" antes que eles alcancem o círculo correspondente à ordem dada. Os alimentos que forem pegos poderão correr até o orientador do jogo e pegar novas tiras da mesma cor que possuíam antes, voltando ao círculo antes da nova chamada.

O jogo continua com o professor nomeando trocas das formas mais variadas possíveis, fazendo com que os "fraquinhos" corram atrás de seus alimentos. Os alimentos, porém, reabastecem-se de suas tiras até elas acabarem (existe um número de fita uma vez e meia maior que o número de jogadores). Depois disso virarão "fraquinhos" também, concorrendo para se alimentarem arrancando as fitas do braço dos companheiros.

O jogo termina quando não houver mais "alimentos" ou quando decair o interesse da classe. A apuração é que irá reforçar a matéria dada, pois o vencedor não será aquele que tiver mais fitas, mas aquele que tiver maior equilíbrio entre os quatro grupos de alimentos.

Para fazer esta contagem, cada fraquinho dividirá primeiramente os seus alimentos nos 4 grupos, identificando, posteriormente, qual a cor (grupo de alimentos) que tem menos fitas. Este número será usado para declarar o vencedor, pois é ele que é representado por todas as cores. Vencerá quem tiver o número maior deste exemplar.

Dicas que auxiliam:

A contagem de pontos deverá ser feita com calma (talvez novamente na sala de aula), a fim de que fique bem claro o seu objetivo.

Para maior impacto, a regra da contagem somente deverá ser explicada no término do jogo. Para reforçar a compreensão, o jogo poderá ser dado novamente, desta vez com o conhecimento da regra, o que forçará os jogadores a escolherem os "alimentos" que pegarão.

Com relação ao tema transversal:

Ética: na contagem, aproveita-se a oportunidade para mostrar como as diferenças se complementam, formando um conjunto. Isto acontece com o ser humano: alguns são muito inteligentes, outros podem não ser tanto, mas são fortes! Outros têm dons artísticos e assim por diante. Um grupo de pessoas (a sociedade) não será eficiente se tiver só operários ou só artistas, ela precisa ter um de cada, fazendo bem o seu papel, colaborando para que o conjunto seja produtivo.

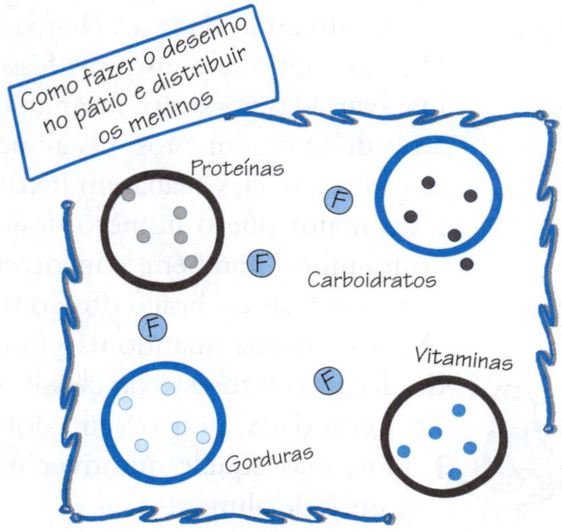

10 Jogo dos grupinhos

Objetivo:
Gravar e brincar com os números pares e ímpares.

Você precisará de:
Um aparelho de som (desejável).

Preparação:
As crianças dispersam-se numa área de cerca de $100m^2$, divididas em dois grupos: os pares e os ímpares.

Desenvolvimento:
Ao som da música (ou das palmas) todos andam ou dançam livremente. O professor nomeia uma forma de as crianças se agruparem, que pode ser 2 com 2, 3 com 3, 4 com 4, e assim por diante. Se a forma de agrupamento for de números pares (2 com 2, 4 com 4 etc.), a ordem é para os grupos pares: eles deverão obedecer a ordem e formarem-se da forma pedida (em grupos de 2, de 4 etc.). Neste momento interrompe-se a música e o outro grupo (aquele que pertence ao time contrário daquele que foi chamado; no exemplo, o time dos ímpares) deverá correr atrás do time adversário que só estará a salvo se estiver na formação comandada. Quem for pego deverá sentar-se até o reinício da música, marcando um ponto para o time adversário. É claro que tudo ocorre ao contrário se o agrupamento ordenado for de números ímpares.
A cada nova rodada, coloca-se novamente a música e todos dispersam-se livremente aguardando nova ordem.

11 Construindo confiança

Objetivo:

Exercitar a comunicação. Fazer-se entender e procurar entender o outro.

Permite a abordagem de tema transversal:

Ética: Evidenciar que a confiança é conquistada aos poucos e através de atitudes que reflitam valores éticos.

Você precisará de:

Envelopes contendo, cada um, uma frase sobre situações que "inspiram confiança" e situações que "não inspiram confiança" (5 para cada dupla da classe).

Vendas para os olhos, suficientes para metade dos alunos da classe.

Uma pista com obstáculos a serem contornados, passados por cima, ou por baixo, rastejando. Ao longo desta pista deverão existir 5 objetos que notadamente não façam parte do cenário (uma panela, um sapato, um ursinho de pelúcia etc.). A pista deve ser construída num lugar tal que ninguém possa vê-la antes do início da atividade.

Preparação:

Divide-se a classe em 2 times, os azuis e os vermelhos, e formam-se pares com um aluno de cada time. Teremos, portanto, a dupla n. 1 composta de um aluno do time vermelho e outro do time azul, a dupla n. 2 da mesma forma, e assim sucessivamente.

Por exemplo:

Dupla 1: elemento vermelho de olhos vendados acompanhado do elemento azul.
Dupla 2: elemento azul de olhos vendados acompanhado do elemento vermelho.
Dupla 3: elemento vermelho de olhos vendados acompanhado do elemento azul, e assim por diante.

Cada dupla terá um dos seus componentes de olhos vendados, alternando-se os componentes do time vermelho e do time azul.

Desenvolvimento:
Esta atividade divide-se em duas etapas: uma externa, que consiste na pista de obstáculos, e uma outra que poderá se desenvolver na sala de aula.

1ª etapa

Para iniciar o jogo, os alunos designados colocaram as vendas e, orientados por seus pares, dirigem-se à pista.
Deve-se dar espaço de um minuto entre a saída de uma dupla e outra, para que a pista não fique "embolada", prejudicando o desenvolvimento do jogo.
Avisa-se que existem objetos ao longo da pista e que o parceiro da dupla sem vendas deverá identificá-los e contar ao seu par vendado. A dupla vai superando os obstáculos. O vendado sempre seguirá as orientações de seu colega, que deverá agir com clareza e honestidade.
No término da pista, o professor estará esperando e perguntará ao vendado quantos objetos seu par contou que viu (o par não poderá falar e nem ajudar em nada).

O time a que pertence o participante da dupla que estava sem a venda receberá tantos pontos quantos forem os objetos acertados.

Nota: As crianças poderão achar estranho que "os vendados" que acertaram não receberam pontos, mas deve-se explicar que se trata de um jogo de honestidade e o que se mediu é o fato de que seu companheiro, mesmo sendo do time contrário, agiu de boa-fé, foi confiável e, por isso, recebe os pontos. Evidentemente isto só pode ser explicado após o desenrolar do jogo a fim de permitir que as crianças ajam de acordo com seus próprios valores, refletindo posteriormente sobre eles.

Os pontos serão representados cada um por um envelope contendo frases de *"Inspira confiança"* e *"Não inspira confiança"*. Cada envelope valerá inicialmente um ponto, independentemente do seu conteúdo.

De volta à sala, as crianças acomodam-se em seus lugares e, consequentemente, agrupam o time novamente. Depois juntam os envelopes, contando os seus pontos.

O professor deverá fazer alguns comentários sobre o exercício e a relação de confiança que se formou em cada par.

Para o grupo de orientados:

(aqueles que estavam de olhos vendados)

- Foi fácil confiar no seu parceiro?
- Foi agradável ter o apoio do seu companheiro?
- Alguém olhou através da venda dos olhos? Por quê?
- Você bateu em algum obstáculo?
- Foi difícil confiar no seu parceiro após a batida?

Para o grupo de orientadores:

- Você foi absolutamente honesto na orientação?
- Você foi tentado a informar os objetos errados?
- Você sentiu prazer por seu companheiro acertar todos ou alguns objetos, mesmo sendo ele de outro time?

★ Você teria se esforçado mais, se soubesse que os pontos viriam para o seu próprio time?

Para encerrar esta etapa, deve-se fazer algumas considerações sobre como é bom ser digno de confiança.

2ª etapa

Divide-se o "quadro-negro" (ou similar) em 2 partes. A uma das divisões dá-se o título: *"Inspira confiança"*, e à outra: *"Não inspira confiança"*.

Os times alternadamente irão abrindo seus envelopes e deverão classificar se a frase nele contida está na categoria de *inspirar confiança* ou de *não inspirar confiança*.

O ponto ganho na primeira fase da atividade será considerado dobrado se os alunos do time souberem classificá-lo corretamente. O professor escreverá na parte correspondente do "quadro-negro" (ou similar), seguindo a orientação das duplas do time, e a classe em conjunto avaliará se a classificação está correta, fazendo suas colocações e permitindo que o orientador também faça as complementações que couberem. Vence o time que fizer mais pontos. A classe deverá aplaudi-los.

Falar mentiras.
Dar um conselho quando o colega fizer uma pequena bobagem.
Ser franco quando está sem tempo ou sem vontade de brincar.
Xingar as pessoas, mesmo sem ter muita razão.
Esconder o material do companheiro.
Encontrar um dinheiro perdido e devolver.
Inventar histórias e dizer que elas são verdadeiras.
Ter paciência com o colega quando ele está nervoso.
Quebrar algo e avisar, mesmo sabendo que levará bronca.
Quebrar algo e ficar quieto.
Ficar bravo só para impressionar.
Estar atento para ajudar o colega.
Não fazer a lição e inventar uma desculpa.
Não fazer a lição por motivo justo e avisar.
Chegar atrasado a um encontro.
Ajudar o amigo na lição de casa.

12 Olho vivo!

Objetivo:

Aprender a classificar os substantivos e treinar a memória.

Você precisará de:

Duas ou três listas contendo cada uma 15 substantivos diferentes: eles deverão estar algumas vezes no feminino, outras vezes no plural, no aumentativo, no diminutivo. Outras vezes, combinando duas situações, por exemplo, no feminino e no plural. Cada lista servirá para "uma rodada" da atividade.

Preparação:

Escrevem-se no "quadro-negro" (ou similar) os 15 substantivos de uma das listas.

Desenvolvimento:

Os alunos deverão olhar o "quadro-negro" (ou similar) por aproximadamente três minutos. Feito isso, o professor o apagará e pedirá que eles escrevam, em seus cadernos, os substantivos lidos no quadro.

Quando terminarem, o professor dá mais cinco minutos para que todos classifiquem os substantivos que escreveram (masculino e singular, feminino e plural, e assim por diante).

Em seguida, faz a correção, da seguinte forma:

0 PONTO	1 PONTO	2 PONTOS	3 PONTOS
Lembrou da palavra com gênero e número diferentes (palavra era meninão colocou meninas)		Lembrou da palavra com gênero e número corretos (palavra era meninão colocou meninão)	
classificou errado	classificou certo	classificou errado	classificou certo

Regras:

As crianças não poderão falar e nem escrever enquanto estão observando as palavras escritas no "quadro-negro" (ou similar).

Elas só poderão começar a escrever quando o professor tiver apagado totalmente as palavras e der um sinal.

Dicas que auxiliam:

Para fazer a correção e fixar bem as classificações, as palavras poderão ser escritas novamente no "quadro-negro" (ou similar), uma a uma, fazendo-se sua análise calma e detalhadamente.

13 Chapéu chinês

Objetivo:

Auxiliar a compreensão do movimento de rotação da Terra.

Permite a abordagem de tema transversal:

Pluralidade cultural: As crianças visualizarão o "outro lado da Terra" como algo concreto. Inicialmente verão as diferenças de fuso horário; num segundo momento, entenderão que ela também tem hábitos diferentes.

É necessário:

Que cada criança faça um chapéu simples de jornal.
Traçar um círculo no chão de aproximadamente 5m de diâmetro (para 30 alunos), o qual terá um traço que o divide no meio. (Em um dos lados do círculo coloque um balão de gás amarelo ou um círculo de cartolina, para ser o sol.)
Aparelho de som (desejável).

Dicas que auxiliam:

Para melhor explorar o tema transversal da pluralidade cultural, o chapéu poderá ser mais sofisticado, para melhor se identificar com o povo chinês. As crianças poderão fazê-lo seguindo as instruções contidas no final deste capítulo.
A música a ser utilizada também poderá ser oriental.

Preparação:

As crianças colocam-se sobre o círculo traçado no chão, dando-se as mãos e soltando-as posteriormente. Elas serão o planeta Terra.

Desenvolvimento:

Após a explicação de como o movimento de rotação atua na Terra com relação aos raios solares, estabelecendo o dia e a noite, pede-se que a classe faça a "Terra rodar", ou seja, o círculo de crianças se movimenta lentamente no sentido horário. Depois da primeira ou segunda volta, explica-se que, quando a "face da Terra" ultrapassar a linha que cruza o círculo, significa que ela não está recebendo os raios solares e, portanto, tudo se torna escuro: é noite. Porém, quando a face ultrapassar o outro lado da linha, começará a receber a iluminação e calor do sol: será dia. Quando o dia está ensolarado, é preciso colocar um chapéu. Assim, as crianças deverão usar os seus chapéus quando estiverem representando a face da Terra banhada pelos raios solares e tirá-los quando estiverem na face que corresponde à noite.

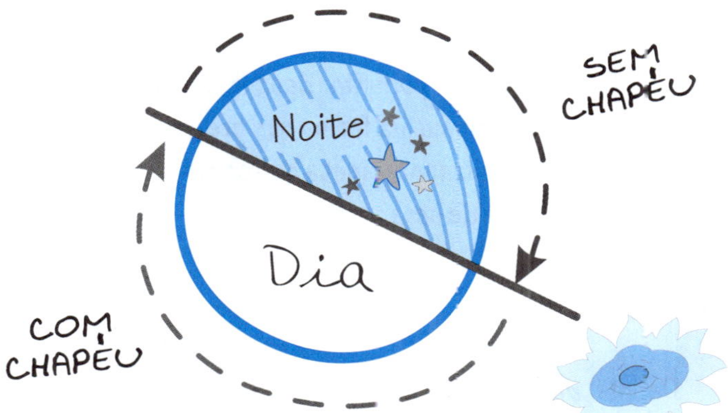

Depois de alguns ensaios que permitam que todos os alunos tenham entendido as regras do jogo, é possível torná-lo competitivo.

Coloca-se uma música ou bate-se palmas para marcar a cadência com que as crianças devem fazer o "movimento de rotação". Elas colocarão ou tirarão o chapéu de acordo com a face correspondente (dia ou noite).

Aqueles que errarem (colocarem o chapéu de noite ou tirarem de dia) deverão ser eliminados. Pode-se aumentar a dificuldade para os remanescentes, aumentando a velocidade, colocando uma música mais rápida ou acelerando as palmas.

O jogo termina quando restar somente um participante ou quando o interesse decair.

Como fazer o chapéu chinês:

1. Recortar um círculo de cartolina de cerca de 40cm de diâmetro.

2. Cortar uma "fatia" conforme mostra o desenho.

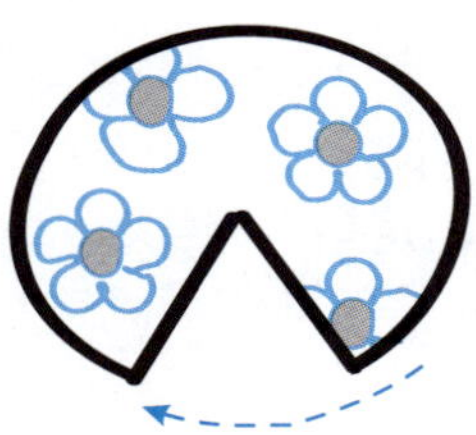

3. Os alunos poderão desenhar os seus chapéus da forma que preferirem, utilizando caneta hidrográfica ou lápis de cera.

4. Depois de decorado, os dois lados recortados deverão ser grampeados juntos.

14 Pontos cardeais

Objetivo:

Fixar a posição dos 4 pontos cardeais.

Preparação:

Formar duas fileiras, uma de frente para a outra, distantes ± 3m. Numerar sequencialmente as fileiras de forma que cada equipe tenha o seu "n. 1", o seu "n. 2" e assim sucessivamente.

Traçar no chão uma rosa dos ventos rudimentar. A uma distância de 5 a 10m, colocam-se marcos (que poderão ser cadeiras): um para cada ponto cardeal.

Dicas que auxiliam:

Seria interessante trazer uma bússola e traçar a rosa dos ventos corretamente com o acompanhamento dos alunos.

Desenvolvimento:

O professor dirá um número e uma direção. Por exemplo: número 3 vai para o leste! O número 3 de cada equipe deve correr imediatamente nesta direção, procurando tocar no marco correspondente ao ponto leste. Quem atingi-lo primeiro ganha 2 pontos para a sua equipe, recebendo um ponto a equipe cujo representante chegou em 2º lugar.

Regras:

Só receberão pontos os jogadores que se dirigirem na direção certa, sem hesitarem. Aqueles que se enganarem não ganharão pontos, mas deverão, retomando a corrida na direção correta, tocar o marco correspondente para não perderem um ponto para a sua equipe.

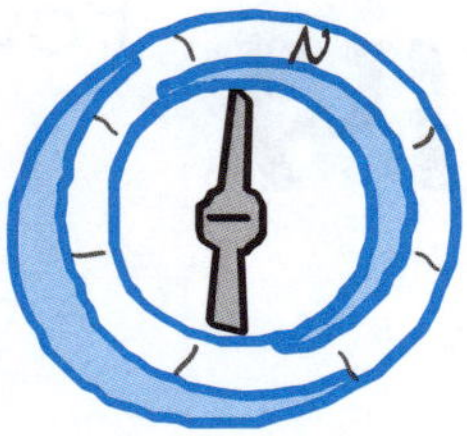

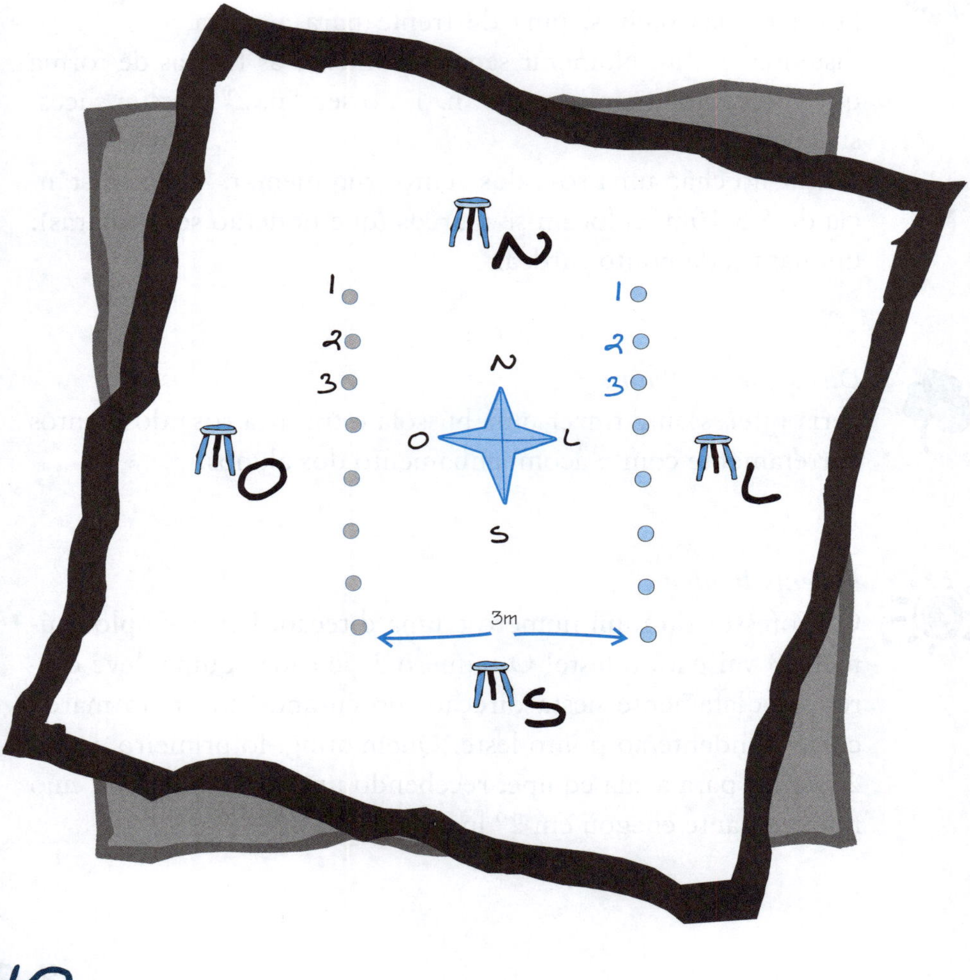

15 Selo amigo do corpo

Objetivo:

Discernir, dentre os produtos disponíveis para consumo, alimentos e bebidas saudáveis, produtos úteis à higiene pessoal ou que colaboram com a preservação da saúde.

Permite a abordagem de tema transversal:

Ética: Estimula o autorrespeito.

Meio ambiente: Desperta a atenção e o senso crítico com relação ao consumismo.

Saúde: Força uma análise daquilo que é bom para a saúde e o que pode ser feito para mantê-la.

Você precisará de:

Papel sem pauta, lápis coloridos, tesouras, fita adesiva ou crepe, recortes de jornal.

Preparação:

Esta atividade divide-se em duas etapas: a criação do selo "amigo do corpo" e a classificação de produtos através de recortes de revistas.

Desenvolvimento:

1ª etapa: Criação do selo

O professor explicará que um selo de garantia é algo que dá credibilidade ao produto, liga-o a uma característica positiva que

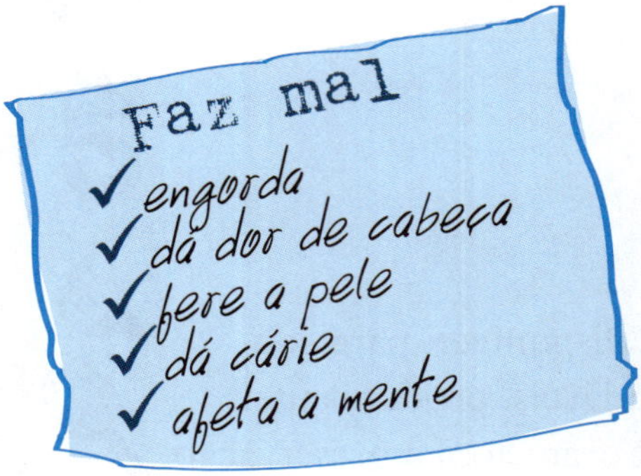

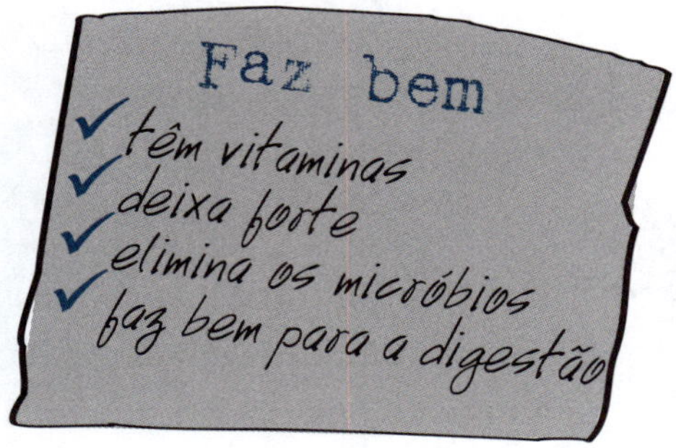

o torna melhor, mais confiável e desejável. Quem atribui este destaque geralmente são pessoas respeitáveis e que chegam a esta conclusão depois de avaliarem com muito cuidado as características do contemplado. Para melhor exemplificar, pode-se utilizar produtos que possuem selo de garantia ou até mesmo mencionar empresas (por exemplo: empresa amiga da criança concedida pela Abrinq).

Então, para começar a pensar no "selo amigo do corpo", a classe deverá considerar o que torna um produto bom para o corpo. Provavelmente chegará à conclusão de que é aquele que não faz mal à saúde.

Os alunos deverão, então, relacionar o que faz mal à saúde e o que faz bem.

Depois de estabelecidos os critérios, cada aluno deverá criar um símbolo, ou seja, o desenho que representará que determinado produto é amigo do corpo!

É aconselhável que se estabeleça um tamanho padrão a fim de facilitar o julgamento (tamanhos adequados para este tipo de selo são: 3cm x 4cm, 5cm x 7cm etc.).

Todas as "obras" deverão ser afixadas numa parede, e a escolha deverá ser feita pelos próprios alunos, pelos professores ou, mesmo, por outra classe. Do desenho vencedor tiram-se algumas cópias xerox na proporção de 3 a 5 por aluno.

2ª etapa: Avaliação de produto "Amigo do corpo"

Os alunos serão convidados a trazer para a escola recortes de revistas que mostrem produtos que são usados no corpo externamente (óleos, perfumes, cremes etc.) e internamente (alimentos, remédios, cigarros etc.).

A escolha pode ser livre ou, se desejar, é possível estabelecer limites: um de uso externo e outro, interno; um alimento e outro não comestível etc.

Os recortes deverão ser afixados em 4 grupos. Esta divisão não visa nenhuma classificação. Pelo contrário: ela é aleatória e só deve ser feita para permitir que a classe trabalhe dividida em quatro, o que tornará mais fácil a formação de opinião em cada criança.

Cada subgrupo fará a avaliação de cada produto e, considerando que o produto é "Amigo do corpo", colocará o selo que lhe outorgará esta garantia.

Pode-se fazer um painel que apresente todos os produtos aprovados, para apreciação de toda a escola ou para ficar na classe por um período mais prolongado.

16 Levando as sementes para solo fértil

Objetivo:

Reforçar a aprendizagem dos elementos que possibilitam a fertilização do solo.

Permite a abordagem de tema transversal:

Meio ambiente: Conhecer e valorizar os fatores agressores e de equilíbrio do meio ambiente.

Você precisará de:

Copos de água de plástico ou descartáveis (neste caso devem ter algo pesado dentro para não caírem).

Recortes de papel-cartão colorido, de cerca de 1cm x 1cm à razão de 10 por aluno, que representarão as sementes.

Preparação:

Separam-se quatro alunos da classe que serão os interceptadores. Divide-se o restante das crianças em quatro grupos que representarão: ventos, águas, pássaros e animais terrestres.

Delimita-se uma área para o jogo (que poderá ser uma quadra). Um dos cantos desta área será dos "ventos", outro das "águas" e os outros dois: dos "pássaros" e dos "animais terrestres". Em cada um deles colocam-se quatro ou cinco copos. No centro do campo colocam-se quatro ou cinco copinhos que representarão o solo pedregoso.

No campo espalham-se as "sementes" (cartões).

As crianças se dispersam livremente pelo campo.

Regras:

Cada jogador poderá levar até três sementes por vez.

Desenvolvimento:

O objetivo do jogo é colocar as sementes no "solo fértil", que são os copinhos depositados nos quatro cantos, sem que alguns dos "interceptadores" as roubem.

Ao sinal de início, os transportadores (vento, água, pássaros e animais) procurarão pegar suas sementes e levá-las ao solo fértil correspondente à sua categoria. Os interceptadores também farão o seu papel, procurando pegar as sementes que estão no chão e levá-las ao solo de pedregulho (copinhos no centro da quadra), podendo também interceptar qualquer uma das categorias, o que conseguirão colocando as mãos no ombro do companheiro. O interceptado deverá entregar imediatamente as sementes que estiver carregando ficando, porém, sempre com uma. Portanto, se ele estiver carregando só uma semente, não precisará entregar nenhuma.

O jogo termina no tempo determinado ou pela observação por seu condutor de que não existe mais sementes visíveis.

Todos juntos poderão avaliar como foi a colheita de cada categoria e quantas sementinhas não vingarão por ter caído no solo de pedregulhos. Naturalmente vencerá a categoria que conseguir levar mais sementes para o solo fértil.

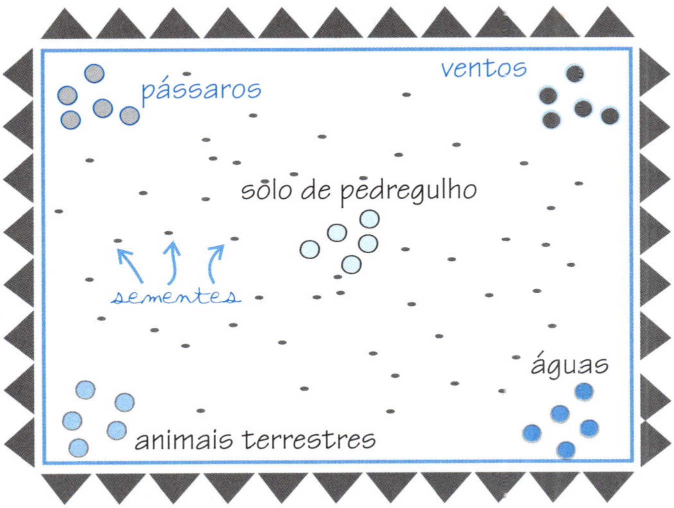

17 Reino do mar e da terra

Objetivo:

Identificar e classificar os seres vivos de acordo com o ambiente em que vivem.

Você precisará:

De um quadro para cada criança com nomes de seres terrestres e aquáticos (como o da página seguinte).

De um saquinho com duas bolinhas de cores diferentes, que poderão ser marrom e azul (bolinhas de pingue-pongue pintadas ou de papel crepom amassado). A marrom representará os animais terrestres e a azul, os animais aquáticos.

Preparação:

Divide-se a classe em dois times: da direita e da esquerda. Eles jogarão alternadamente.

Por meio de um sorteio de par ou ímpar, define-se o time que irá jogar primeiro.

Desenvolvimento:

Um dos jogadores do primeiro time sorteará uma bolinha e, de acordo com a sua cor, gritará: *ser terrestre ou ser aquático!* Os participantes de seu time deverão procurar o ser correspondente e levantar a mão quando achá-lo. O professor dará a palavra ao primeiro que levantou a mão e este dirá qual ser identificou. Se estiver certo, os alunos dos dois times riscarão o quadradinho correspondente em sua cartela e o time que achou primeiro ganhará um ponto.

Em seguida, o saquinho será passado para o companheiro do outro time que sorteará sua bolinha e repetirá a mesma sequência.

Num determinado momento, acabará uma das categorias. Neste caso, o aluno que primeiro gritar *"cartela cheia"*, ao ser sorteada a bolinha correspondente à categoria a ser completamente preenchida, ganhará três pontos, e o jogo terminará. Este aluno poderá pertencer a qualquer um dos times, independentemente de qual time está sendo sorteado no momento.

O jogo termina com a vitória da equipe que tiver mais pontos.

Regras:

O aluno que quiser nomear um ser vivo deverá sempre levantar a mão. Não ganhará pontos nem o saquinho a equipe em que um dos participantes falar sem pedir a palavra. Consequentemente, a "vez" passará para o time adversário.

18 Semáforo de ideias

Objetivo:
Reconhecer e se posicionar em relação às situações que vive nos ambientes escolar, familiar e social. Favorecer o senso crítico e a desinibição.

Permite a abordagem de tema transversal:
Ética: Exercita o diálogo no convívio escolar. Dá percepção à possibilidade de produzir transformações na comunidade através de suas iniciativas.

Preparação:
Cada aluno recebe 5 cartões: 2 verdes, 2 vermelhos e 1 amarelo. Os verdes significam "concordância", os vermelhos "não concordo" e o amarelo "não sei", com uma analogia ao semáforo de trânsito: verde – passagem livre; vermelho – proibido passar; amarelo – aguardar.

Desenvolvimento:
O professor fará 5 perguntas procurando obter uma posição de seus alunos sobre assuntos como: a escola, os companheiros, a comunidade, os fatos do dia a dia ou mesmo sobre o próprio professor. Exemplos:

- Você gosta desta escola?
- Você acha que a classe se esforça para aprender?
- Os alunos deveriam ter mais tempo para brincar?
- Você gostaria de aprender mais sobre índios?
- Você acha que a classe, às vezes, "bagunça demais"?
- Você acredita que praticar esportes é importante?
- Você acredita que não falar mentira é importante?

Enfim, as perguntas que melhor se adaptarem às situações da classe.

Os alunos colocam todos os seus cartões no lado direito da carteira. O jogo se desenvolve individualmente. Após formulada a pergunta, cada aluno pensará qual é a sua posição. Escolherá o cartão correspondente (verde se a resposta for sim; vermelho se a resposta for não; amarelo se não tiver uma posição definida sobre o assunto) e, permanecendo sentado, levantará bem alto sua mão mostrando o seu cartão. Dá-se um tempo para os comentários e recolhem-se os cartões utilizados nesta rodada.

Após duas ou três perguntas provavelmente algum aluno ficará sem os cartões da cor que gostaria de usar. Neste caso, após a formulação da pergunta, aquele que desejar trocar deverá ficar em pé com um dos cartões ainda não utilizado nas mãos. Antes das respostas, dá-se um tempo para as trocas. O ideal é que eles troquem os cartões entre si. Isso estimulará que os alunos, fundamentando as razões das trocas, discutam mais o assunto. Por exemplo: quem tem um verde e gostaria de dar uma resposta negativa troca com o aluno que tem um cartão vermelho e, por concordar com a pergunta, precisa de um cartão verde. Porém, se a troca não acontece entre eles, o professor poderá fazê-la. Os cartões amarelos não podem ser usados na troca.

Terminadas as 5 perguntas, o professor elogiará o esforço dos alunos, esclarecendo que enviará estas opiniões aos responsáveis (se for o caso), enaltecendo a importância de se ter uma opinião e, principalmente, saber manifestá-la.

Dicas que auxiliam:

Para evitar tumultos que talvez possam inibir alguns, é conveniente não discutir a qualidade da resposta. O importante é o treinamento do saber colocar-se.

19 Brincando com coletivos

Objetivo:

Treinar o coletivo dos substantivos.

Permite a abordagem de tema transversal:

Ética: Exercita o diálogo e o hábito de escutar o outro.

Você precisará de:

Uma lista de substantivos coletivos bem variados e do conjunto de elementos que representam (multidão – pessoas; nuvem – insetos), que resulte em tantas palavras quantos alunos houver na classe.

Escrever cada uma das palavras em uma folha de papel-ofício com letra bem legível.

Dois ambientes separados.

Preparação:

Afixar com fita adesiva uma folha nas costas de cada aluno, dando um tempo para que eles se dispersem na sala.

Desenvolvimento:

O objetivo do jogo é formar os pares de substantivos coletivos e seus substantivos originais. Para isso, os alunos poderão fazer três perguntas para cada participante, tentando descobrir quem ele é e, posteriormente, o seu par. As respostas só poderão ser: sim ou não.

Exemplificamos como seriam as perguntas de um aluno que possui a palavra ônibus.

Perguntas feitas a um aluno:
Eu sou um animal? Não
Eu sou coletivo? Não
Eu sou pessoa? Não

3 perguntas feitas a outro aluno:
Eu sou um objeto? Não
Eu sou um brinquedo? Não
Eu sou grande? Sim

E MAIS TRÊS:
SOU UM OBJETO ÚTIL? SIM
ANDO NO MAR? NÃO
VIVO NA TERRA? SIM

E finalmente:

Sou um trem? Não

Sou um ônibus? SIM!

Tendo descoberto quem ele é, o aluno passará para o outro ambiente, que será a "Terra dos achados". É neste lugar que o aluno procurará por seu par. Nesta fase, todos podem conversar livremente, uns ajudando os outros na busca dos substantivos e dos coletivos correspondentes. As duplas formadas deverão se apresentar ao professor.

Quando restarem 5 duplas e os últimos alunos estiverem com muita dificuldade, ou mesmo se o interesse decaiu, o professor poderá terminar o jogo da seguinte forma:

Juntam-se os alunos, retiram-se os papéis que ainda não foram identificados, fixando-os num local visível. Todos participarão para formar as duplas remanescentes.

Para terminar, cada dupla se apresentará na ordem em que se formaram. Por exemplo: *Eu sou o ônibus* e *apresento o meu coletivo: frota*.

A classe aplaudirá os primeiros colocados.

Dicas que auxiliam:

Deve-se tomar muito cuidado no momento de colocar os papéis nas costas de cada aluno, pois, se um deles descobrir o conteúdo do seu próprio papel, a atividade estará estragada para ele. Portanto, pede-se para que os alunos fiquem de costas "ombro a ombro" e exige-se silêncio absoluto nesta operação. O professor poderá ter algumas duplas extras de coletivos para usar no caso de algum "acidente".

20 Cartelinhas desafiantes

Objetivo:

Reconhecer figuras e escrever os seus nomes. Identificar palavras segundo classificações diversas.

Você precisará de:

Uma folha por aluno com um quadrado de 20cm x 20cm, subdividido em 5 quadrados horizontais e 5 verticais, cada qual com 4cm de lado, conforme o desenho abaixo.
Revistas que possam ser recortadas pelos alunos, tesouras e cola.

Preparação:

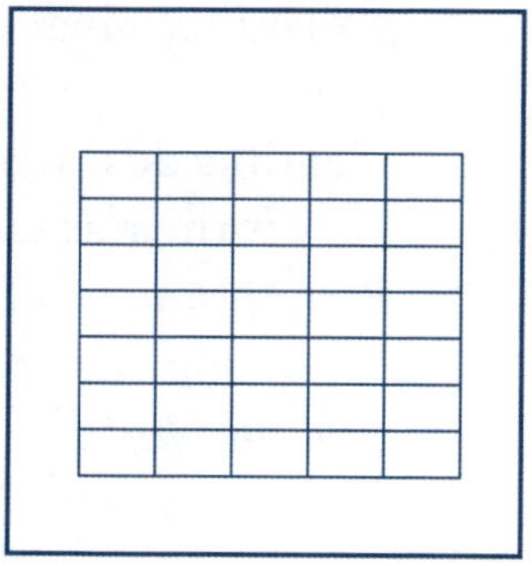

Dá-se a cada aluno uma folha de papel com o quadrado copiado. As crianças deverão recortar figuras de revistas que caibam inteiramente nos quadrados de 4cm x 4cm (somente 1 figura por quadrado) ou pelo menos que, quando recortadas, deem exata noção do que representam.
Para facilitar esta tarefa, o professor poderá pedir que cada aluno faça um gabarito, o que conseguirá traçando um quadrado de 4cm de lado numa folha de papel, recortando o seu interior e desprezando-o. A moldura servirá como janela que, colocada sobre a gravura escolhida, dará noção de como ela ficará quando recortada.

sim

sim

não

Desenvolvimento:

Esta atividade será semelhante ao jogo de bingo e divide-se em 2 etapas, que poderão ser usadas em aulas diferentes:

1ª etapa: Fazendo a cartela

A primeira etapa consiste no seguinte trabalho manual: as crianças deverão encontrar figuras para recortar e colar em cada um dos quadradinhos (4cm x 4cm) que fazem parte do quadro maior entregue a eles. Estará montada a cartela de bingo de cada aluno.

Na mesma aula, ou em outra, os alunos farão uma lista, colocando os nomes das figuras que fazem parte da sua cartelinha, uma em cada linha. O professor pode decidir sobre a conveniência ou não de usar sinônimos. Exemplo: cão, cachorro. Se optar por esta hipótese os alunos, sempre usando uma linha para cada figura, colocarão quantos sinônimos puderem encontrar.

2ª etapa: Jogando bingo

Cada criança deverá estar de posse de sua cartela, de um lápis e da lista de nomes que cada figura representa.

O professor cantará as peças utilizando-se de classificações da Língua Portuguesa, como por exemplo:

- classificação quanto ao número de sílabas,
- classificação quanto à sílaba tônica,
- palavras compostas,
- palavras que comecem com determinada letra,
- palavras que se escrevam com determinada letra (z, ç),
- palavras que tenham determinado acento gráfico,
- palavras com encontros consonantais (dígrafos).

Os alunos irão marcando conforme encontrem uma figura cujo nome tenha as características enumeradas, escrevendo sobre a figura o motivo de sua escolha: palavra proparoxítona, palavra com "ç" etc.

Como no bingo, estipulam-se as regras: será vencedor o aluno que preencher primeiramente uma coluna (5 quadrados verticais, horizontais ou diagonais) ou a cartela cheia. Poderão ser consideradas duas vitórias: primeiramente a coluna ou linha de 5 casas e, finalmente, a cartela cheia (25 casas). A criança que terminar primeiro deverá conferir com a classe se a sua marcação está certa.

Algumas variações:

- Pode-se utilizar a cartela do vizinho. Será uma surpresa e a tarefa ficará mais difícil.
- A criança não usa a lista, identifica dentre as figuras aquela que tem as características solicitadas, escreve o nome em seu caderno e marca a figura com um feijão (a vantagem é que exercita mais a percepção, treina-se a grafia e deixa o quadro intacto para ser usado outra vez).
- Pode-se jogar em duplas ou mesmo em grupos de três ou quatro alunos com apenas uma cartela. Fica menos trabalhosa a execução da cartela e os alunos exercitam a cooperação.

Dicas que auxiliam:

A folha que contém o quadro pronto pode ser colocada dentro de um saco plástico grosso (do tipo de pasta-catálogo), no qual se escreve com caneta hidrocor (o quadro poderá ser utilizado mais do que uma vez, trocando-se o plástico).

O saco deve ser fixado com fita adesiva no verso, para ficar "bem justo", evitando que se desloque e atrapalhe o acompanhamento do jogo.

Amostra de uma cartelinha interessante

21 Plural pega singular

Objetivo:

Exercitar o plural de uma maneira divertida.

Preparação:

Na classe, após a explicação de plural, faz-se um treino com as palavras que serão usadas no jogo. Elas poderão ser aproximadamente 10.

As crianças serão divididas em 2 times: o do "plural" e o do "singular". Os participantes de cada time deverão ter algo com que possam se diferenciar (singular com boné, plural sem boné, fita colorida amarrada na cabeça etc.).

Na quadra estabelecem-se cinco campos. Traçando-se uma linha central, divide-se a área do jogo em dois campos: um que será do "plural" e outro que será do "singular". Paralelamente a esta linha central, distante cerca de 1m, traça-se em cada um dos lados uma linha. Ao campo surgido dá-se o nome de "campo de confronto". Nas extremidades da quadra, distante cerca de 2m, traça-se uma linha em cada campo, formando um "campo livre" para cada um dos times. Os campos intermediários entre o campo de confronto e os campos livres serão os "campos de trânsito", por onde os alunos circularão.

Desenvolvimento:

Os alunos colocam-se cada um em seu campo, um time de frente para o outro, na "zona de confronto".

O professor dirá uma palavra. Se for singular, ela "pertence" à turma do singular, que deverá "levá-la" ao seu campo livre. Os "plurais" tentarão "pegá-la" e correrão atrás dos "singulares", que só ficarão seguros quando atingirem o seu "campo livre" respectivo. Quem for pego passa para o time adversário e o jogo reinicia com os alunos perfilados na "zona de confronto" aguardando uma nova palavra.

O jogo termina quando não houver mais nenhum jogador num dos times ou quando decair o interesse.

Regras:

Os jogadores somente poderão ser pegos quando estiverem no "campo de trânsito". Se o aluno pisar, mesmo que somente com um pé, o seu "campo livre", estará a salvo.

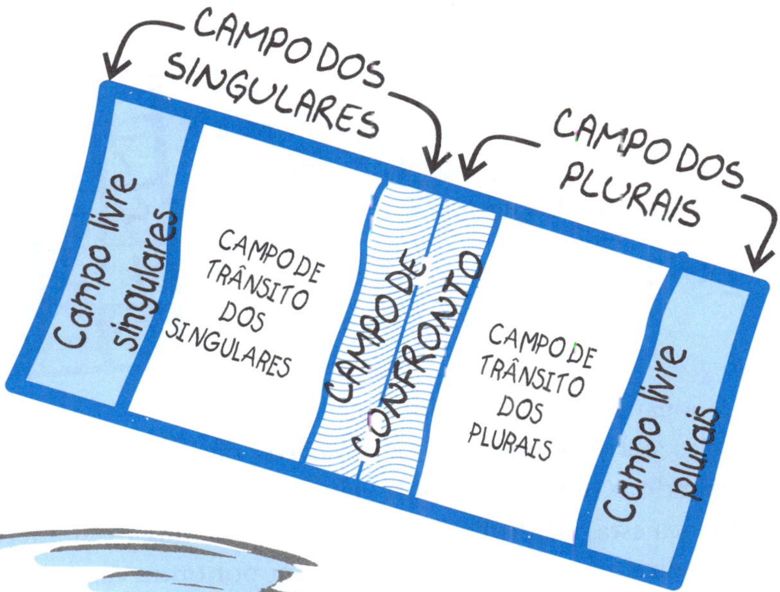

22 Calculadora gigante

Objetivo:

Exercitar e reforçar o aprendizado de contas simples por meio de uma brincadeira agradável.

Você precisará de:

Duas máquinas de calcular gigantes desenhadas no chão com giz, distantes cerca de 5m uma da outra, em que cada "tecla" esteja representada por um quadrado de aproximadamente 50cm de lado. Este desenho tem aparência similar ao jogo de amarelinha, como mostra a ilustração.

Folhas de papel-ofício contendo contas com uma letra no tamanho que dê para todos lerem e que estejam à altura do aprendizado dos alunos. Por exemplo:

2 + 2 =

6 + 3 =

4 - 3 =

Regras:

Os jogadores só poderão se utilizar das teclas correspondentes aos números da conta que lhes cabe. Quando o número seguinte não estiver próximo à casa onde a criança está, ela deverá dar um salto para atingir o número desejado diretamente, ou seja, sem passar por outra casa (tecla). Não é permitido também pisar nas linhas que delimitam o desenho da máquina ou de suas "teclas". Quem assim o fizer, perderá sua vez e deverá voltar ao seu lugar.

A tecla “limpar” poderá ser usada uma vez por cada participante. Assim, se alguém errar, não perderá a jogada, desde que salte dentro da tecla “limpar” e ”apertar” posteriormente a tecla certa.

Preparação:

As crianças se dividem em dois times e se colocam em fila à frente de cada uma das máquinas de calcular. No espaço existente entre as duas calculadoras de giz colocam-se as folhas bem visíveis. Preferencialmente deve haver um juiz para cada time.

Desenvolvimento:

Dado o sinal de início, sai o primeiro participante de cada time, vai até as folhas, pega uma delas, vai até a máquina correspondente ao seu time e, saltando, percorre as teclas da máquina que estaria apertando se estivesse fazendo a conta numa máquina comum.

Para iniciar deverá saltar sempre na casa que corresponde à tecla que “liga” a máquina. Igualmente o jogador deverá saltar dentro das casas que correspondem aos sinais de adição ou subtração e de igualdade, de acordo com a conta que lhe cabe.

Terminada a sequência, corre até o visor e escreve o resultado. Quem terminar primeiro e corretamente ganha dois pontos para o seu time. O aluno que terminar depois, mas escrever o resultado corretamente, ganha um ponto.

Dicas que auxiliam:

O professor deverá decidir sobre a conveniência ou não do time poder “assoprar” o resultado da conta ao aluno que estiver jogando.

23 Defensores da natureza

Objetivo:

Conscientizar sobre atitudes e comportamentos favoráveis em relação à saúde e ao meio ambiente.

Permite a abordagem de tema transversal:

Ética: Estimula a comunicação de suas próprias mensagens através da fala e da escrita.

Forma juízo próprio de uma situação e exercita formas de viabilização de seu ponto de vista.

Saúde: Adquire predisposição para a adoção de atitudes que beneficiem a saúde.

Meio ambiente: Valoriza e cultiva atitudes de proteção e de conservação.

Você precisará de:

Papéis com frases que defendam a preservação ecológica.

Preparação:

Divide-se a classe em 4 equipes e, por sorteio, escolhem-se 4 ou 5 alunos para serem os julgadores.

Desenvolvimento:

1ª etapa

Cada equipe retira por sorteio 3 papéis que contenham, cada um, uma frase que transmita uma disposição para a preservação do meio ambiente e deverá escolher, mediante um pequeno debate, aquela que deseja defender. Feito isso, os alunos deverão examinar os argumentos favoráveis ao procedimento que escolheram, preparando-se para a apresentação que farão aos jurados. Esta discussão poderá durar cerca de 15min. Terminada esta fase o grupo escolhe um representante e um auxiliar para juntos defenderem as ideias do grupo.

- ✓ Aproveitamento da luz natural.
- ✓ Não fazer ruídos desnecessários.
- ✓ Plantar suas próprias verduras.
- ✓ Reduzir o consumo de sal.
- ✓ Comer alimentos naturais.
- ✓ Usar recipientes recicláveis.
- ✓ Selecionar o lixo.
- ✓ Comer alimentos integrais com fibras.
- ✓ Evitar o álcool e o cigarro.
- ✓ Diminuir o uso de refrigerantes.
- ✓ Tomar café descafeinado.
- ✓ Usar papel reciclado.
- ✓ Reutilizar sacos plásticos.
- ✓ Fazer exercícios.
- ✓ Não usar aerossol.
- ✓ Respeitar a natureza.
- ✓ Não queimar folhas.
- ✓ Cuidar dos animais.
- ✓ Caminhar, em vez de usar o carro ou o ônibus, se a distância for pequena.
- ✓ Não desperdiçar água no banho.

2ª etapa

Apresentação em plenária dos argumentos ecológicos de cada equipe para os jurados, que deverão ouvir atentamente para eleger a ideia mais produtiva para o meio ambiente.

As frases deverão ser afixadas num cartaz na ordem escolhida, que ficará afixado na sala de aula durante um mês (neste cartaz deverá constar o nome da equipe que as defendeu. Ela será a "guardiã" das atitudes nele inscritas).

No decorrer deste período, deve-se reservar alguns momentos da aula, uma ou duas vezes por semana, para que as crianças relatem experiências que viveram ou conhecimentos que obtiveram sobre os assuntos por elas escolhidos. Por exemplo: Desde que começamos esta campanha, não desperdiçamos mais água em nossa casa! Desliguei ontem a televisão quando não estava passando nenhum programa de que eu gostasse. Minha tia está lendo um livro impresso em papel reciclado. Sabe que vi na televisão que houve uma grande queimada na Região Sul?

Esta atividade trará para apreciação os assuntos que, num primeiro momento, podem parecer distantes da realidade da classe.

24 Fazendo história

Objetivo:

Comparar acontecimentos no tempo, tendo como referência anterioridade, posterioridade e simultaneidade. É útil para dar ensejo sobre uma conversa sobre assuntos históricos do passado.

Permite a abordagem de tema transversal:

Ética: A coordenação das próprias ações com a dos outros, por meio do trabalho em grupo.

Você precisará de:

Revistas infantis de história em quadrinhos. Uma ou duas folhas de cartolina.

Preparação:

Escolhe-se uma historinha bem curtinha, de preferência de uma única página. Cola-se esta página em uma cartolina e recorta-se cada um dos seus quadrinhos.

Faz-se um jogo deste tipo para cada grupo de 4 a 6 alunos.

Desenvolvimento:

1ª etapa:

Os alunos formam-se em grupos de 4 a 6 participantes (de acordo com a conveniência da classe). Juntos colocam a história em ordem. Depois disso poderão responder a um questionário com perguntas que os façam refletir sobre a ordem dos acontecimentos.

Qual é o final da história?
O que precisaria acontecer para que este final fosse assim?
Quem é o personagem principal?

2ª etapa:

Em uma segunda etapa, pede-se que os alunos façam uma nova história, atendendo a uma das seguintes propostas:

- Com a mesma sequência fazer um final diferente.
- Fazer uma continuação desta história.
- Inventar um novo personagem que entre no meio da história (Pode-se sugerir um personagem comum a todas as histórias, por exemplo, chegou o pai do personagem principal, apareceu uma bruxa ou o Superman etc.).
- Escrever o que aconteceu antes desta historinha.

Os alunos poderão simplesmente criar a história e depois relatá-la, poderão desenhá-la para afixá-la em um mural ou, se houver tempo, dramatizá-la.

Dicas que auxiliam:

Usando-se esta atividade de "gancho" para introduzir a história, pode se dizer que, para que as coisas ocorram, existem fatos que acontecem antes, e estes influenciam diretamente na atualidade, em nossas vidas, assim como o que está acontecendo hoje influenciará o futuro.

25 Fonte dos desejos

Objetivo:
Reconhecer aspectos da vida escolar e a importância de participação na resolução de problemas que afetam suas vidas.

Permite a abordagem de tema transversal:
Ética: Exercita o conhecimento dos próprios direitos e a delimitação de seus deveres.

Você precisará de:
Três moedas por aluno (círculos de papel laminado ou moedas de chocolate). Uma estrutura representando uma fonte luminosa que possua uma lâmpada que você possa controlar (acender e apagar).

Preparação:
Esta atividade combina muito bem com fantasia; por isso, se o professor desejar (e tiver dons teatrais!), poderá criar um ambiente místico, em que ele fará o papel de um mago que se comunica com a "famosa Fonte Luminosa dos Desejos". Não havendo tempo, a fonte poderá ser montada em qualquer ambiente e o condutor da atividade participará normalmente mostrando surpresa ao encontrar a promissora fonte.
A fonte será uma lâmpada ou um abajur colocado em um recipiente (uma bacia grande recoberta de papel laminado, por exemplo), para acolher as moedas que serão lançadas.

O conjunto poderá estar sobre uma estrutura sugestiva (um banco recoberto de um tecido brilhante ou tipo veludo). O interruptor dessa lâmpada deverá ficar escondido de forma a ser manipulado sem que os alunos vejam.

Desenvolvimento:

Encontrando a fonte, o professor (ou o adulto que estiver representando o mago) dirá que esta fonte poderá atender aos desejos das pessoas que a visitam. Para isso, ela precisa ser alimentada com moedas. Em seguida dá três moedas para cada criança e sugere que pensem em algo que possa atender aos seguintes pedidos (ou àqueles que o professor julgar serem melhores):

- O que você gostaria que melhorasse na sua escola?
- O que você gostaria que melhorasse na sua classe?
- O que poderia ser feito para que os alunos aprendessem melhor?

Individualmente as crianças vão pensando naquilo que gostariam de pedir para o primeiro item. Para isso, deverão pensar o que entenderiam que poderia levar à realização de cada objetivo. Por exemplo:

> *Um aluno poderá entender que um* playground *irá ajudar a melhorar a escola; outro, que há necessidade de mudança no horário da aula; outro, que as regras da cantina precisam ser mudadas.*

Um a um vão lançando as moedas na fonte e dizendo o que pediram para a realização do primeiro objetivo (que, neste exemplo, refere-se à melhoria da escola).

A lâmpada irá acender aleatoriamente ou segundo o entendimento de quem a está manobrando.

A primeira e a segunda rodadas seguem da forma descrita. Nos últimos pedidos da segunda pergunta, a "fonte" começará a falhar (não acendendo ou permanecendo acesa). O professor dirá que houve algum problema e não poderão mais contar com a "fonte" para resolver a última questão.

Assim, a convite do "mago", os alunos reúnem-se em pequenos grupos e discutem o que eles poderiam fazer para contribuir com a melhoria do aprendizado. A discussão será em conjunto, mas a decisão a que cada um chegar deverá ser individual, pois, embora a "fonte" não funcione mais, os alunos realizarão da mesma forma o ritual de jogar a moeda e fazer o seu pedido.

O professor explicará que, na maioria das vezes, o início da solução dos problemas é começar a pensar neles para ver como cada um pode contribuir para sua solução. Para comemorar todos podem comer as moedas, se elas forem de chocolate, pois, afinal, a fonte está quebrada mesmo...

Dicas que auxiliam:

Segundo o entendimento dos educadores, pode-se contar aos alunos que "fontes milagrosas" não existem mesmo e tudo não passou de uma brincadeira. Porém, as conclusões a que eles chegaram são verdadeiras e, postas em prática, podem fazer as coisas mudarem!

✓ Gostaria que minha escola tivesse um *playground*.

✓ Peço que a aula inicie às 8h.

✓ **Peço que abaixe o preço do cachorro-quente.**

✓ A classe precisa conversar menos.

✓ Precisa ter menos lição de casa.

✓ Precisa ter lição de casa.

✓ Explicar melhor.

26 Os dois lados do rio

Objetivo:

Conhecer as partes de um rio.

Você precisará:

Traçar com giz no pátio da escola um desenho conforme o diagrama do final desta atividade.

Preparação:

As crianças dispersam-se livremente pelo local.

Desenvolvimento:

A professora dará as ordens e todos os alunos deverão correr para o lado determinado. Existe, porém, uma regra: as ordens somente poderão ser cumpridas se forem precedidas das palavras "Professor manda"... Por exemplo: *Professor manda ir para a margem direita do rio!* Todos deverão correr para o local assim determinado. *Professor manda ir para a nascente do rio!* Todos procederão da mesma forma. Porém, se ocorrer uma ordem assim: *Ir para a foz do rio!* Ela não deve ser obedecida, por não estar precedida por "Professor manda". Após alguns "treinos", começa a forma competitiva do jogo, quando serão eliminados os alunos que forem para o local errado ou atenderem ordens que não foram precedidas de "Professor manda".

Dicas que auxiliam:

O jogo pode ser repetido para que os alunos menos atentos possam ter mais uma chance. Normalmente as crianças gostam e pedem esta repetição.

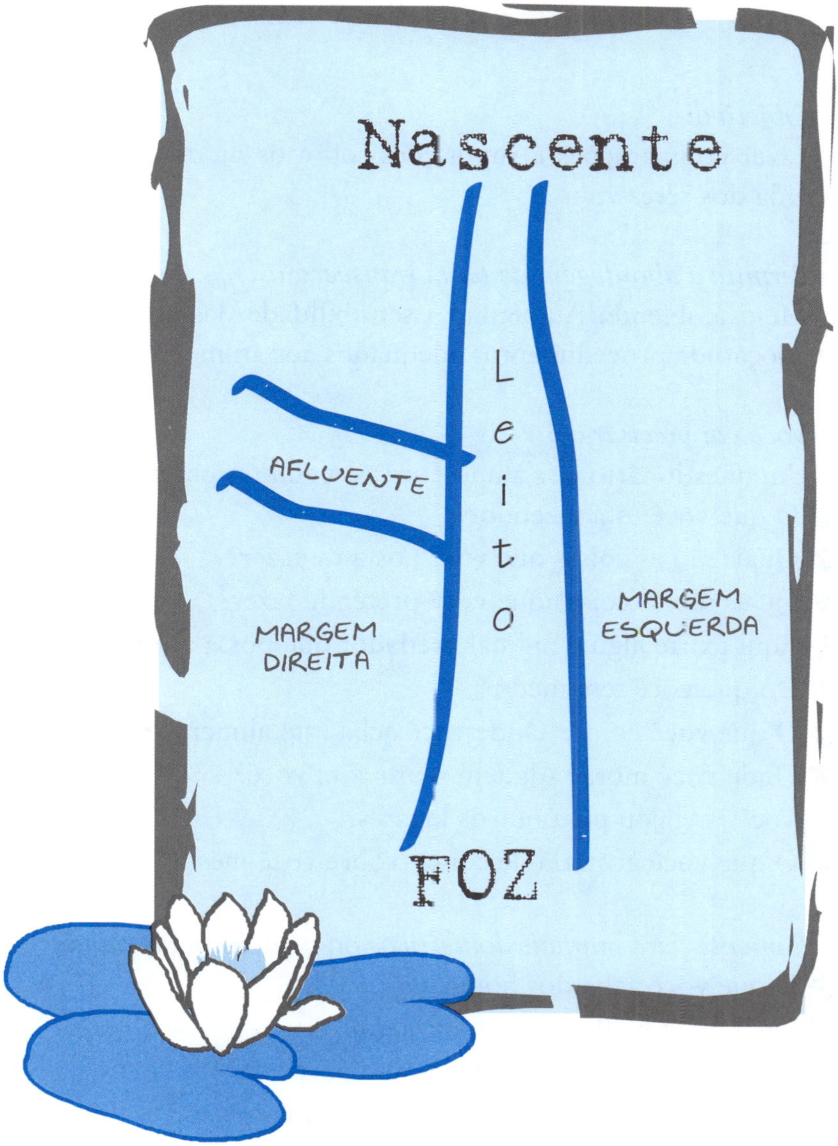

27 Entrevistando a natureza

Objetivo:

Fazer comparações e suposições sobre os modos de vida dos seres vivos.

Permite a abordagem de tema transversal:

Meio ambiente: Aumentar a sensibilidade das crianças para a adoção de procedimentos adequados aos animais.

Você vai precisar de:

Um questionário por aluno com as seguintes perguntas:

- O que você está fazendo?
- Quais são as coisas que você gosta de fazer?
- Quais são as coisas que você pretende fazer?
- Aqui existe algum animal predador que possa atingi-lo?
- Do que você tem medo?
- O que você come? Onde você acha este alimento?
- Onde você mora? Alguém mora com você?
- Você já viajou para outros lugares?
- O que você gostaria de contar sobre você mesmo?

Somente para animais domésticos ou que vivem na cidade:

- O que você acha dos homens?
- Qual é seu melhor amigo humano?
- O que os humanos fazem de bom para você?
- O que os humanos fazem de mal para você?

Preparação:

Cada criança deverá ter um animal para entrevistar, que poderá ser de sua própria escolha ou obtido através de opções oferecidas por sorteio.

Dicas que auxiliam:

A escolha de animais próximos do seu dia a dia (como cachorros, galinhas, passarinhos etc.) fará com que os alunos, colocados nos lugares dos animais, sintam as ameaças a que são submetidos e passem a tratá-los melhor.

Desenvolvimento:

As crianças deverão responder ao questionário como se fossem o animal escolhido ou, ainda, em dupla, um aluno pode entrevistar o outro.

Terminado o preenchimento, o professor poderá fazer perguntas para o grupo sobre "animais comuns". Por exemplo: todos os cachorros ou cavalos; ou por categorias: répteis, peixes etc.

Se as crianças se interessarem, poderão formar o "sindicato" do animal representado, o que daria: Sindicato dos cachorros, Sindicato dos répteis etc. Unindo todos os representantes da classe, poderão elaborar um código de regras simples para que, aplicadas aos homens, permitam que eles vivam com mais conforto e segurança.

28 Se eu fosse o velho, o menino ou o burro

Objetivo:

Entender a história como conjunto de fatos que podem ser vistos sobre diferentes perspectivas e pontos de vista.

Permite a abordagem de tema transversal:

Pluralidade cultural: Desenvolver a capacidade de analisar fatos sem se ater a estereótipos.

Desenvolvimento:

Conta-se à classe a história "O velho, o menino e o burro" (anexa ao final desta atividade).

A cada grupo caberá a representação de uma das partes da história:

- Início da história, quando o burro é puxado pelo velho e pelo menino.
- Fase em que o burro é montado pelo menino.
- Fase em que o burro é montado pelo velho.
- Final da história, quando o burro é carregado pelos dois.

Cada grupo tem 15 minutos para destacar os integrantes que irão representar, os quais, por sua vez, devem fazer um pequeno ensaio antes da representação.

Nos próximos 10 minutos cada grupo fará a sua apresentação. Em seguida todos deverão discutir as vantagens de cada uma das situações, o que poderá ser feito pelas respostas das seguintes perguntas:

- Por que o velho (ou o menino, ou o menino e o velho) subiram no burro? (Ou por que o burro andou sozinho?)
- Qual dos três ficou mais cansado?
- Quem levou a melhor?

Passados dez minutos do início desta discussão, o professor dirá que se enganou e que as tarefas do grupo não foram distribuídas corretamente. Trocará, então, as posições, pedindo que cada um analise a nova posição por mais 10 ou 15 minutos.

Quando decair o interesse, o professor esclarecerá que, na verdade, não se enganou. Propositalmente pediu que trocassem os papéis para que cada um notasse que uma situação pode ser vista de várias formas, e que as pessoas podem ter pontos de vistas diferentes sobre uma mesma situação. Concluirá que, quando se deseja ter uma posição própria sobre determinado assunto, é importante analisá-lo sobre estes vários aspectos. Uma forma simples é tentar se colocar na posição do outro, procurando avaliar como esta situação o afetaria e como ele reagiria se estivesse nesta situação.

O velho, o menino e o burro

Era uma vez um velho que precisava levar um burrinho para ser vendido na feira da cidade. Para lhe fazer companhia, ele chamou o seu netinho de 8 anos. Puxando o burrinho por uma corda e cantarolando uma música de que os dois gostavam, eles atravessavam a pequena montanha que os separava da "cidade grande", quando encontraram um amigo que foi logo dando uma bronca no velho: – *Onofre! Que feio! Convida seu netinho tão pequeno para ir para a cidade e faz ele andar tudo isso?* O velho, achando que o amigo tinha razão, parou, colocou o menino na garupa do burro e seguiu cantarolando outra canção.

Mais para a frente um grupo de mulheres sentadas na frente de suas casas também resolveu dar a sua opinião: – *Moleque folgado! Tão novinho precisa ir sentado no burro enquanto o pobre velho, que deve estar cansado, segue a pé!* – *É mesmo*, pensou o velho, e foi logo ordenando que o neto descesse para trocar de lugar com ele. E lá se foram: o menino puxando o burro que levava o velho, que já não cantava mais...

Porém, na primeira curva um gordo fazendeiro foi logo falando: – *Tem gente que é boba! Tem um belo burro e usa só para carregar o velho. O menino, coitadinho, vai a pé. Toque este menino no lombo do burro! Ele foi feito para carregar carga!* – *Finalmente encontro "a voz da razão"*, pensou o velho e, puxando o menino, colocou-o na garupa do burro também.

Seguros de que desta vez estavam fazendo a coisa certa, passaram na frente de uma menininha que, embalando sua bonequinha, comentou : – *Que gente ruim, coitado do burrinho, já está com as perninhas arreadas de tanto peso...*

Embora ela tenha falado bem baixinho, o velho pôde ouvi-la bem, deu um salto do burro e, gritando, ordenou para o seu neto: – *Desce daí rápido, agora tem que dar certo! Ajude-me a carregar o burro!*

E, desse jeito, o velho e o menino, carregando o burro, seguiram para a vila cantarolando com o burro... que assobiava!!!

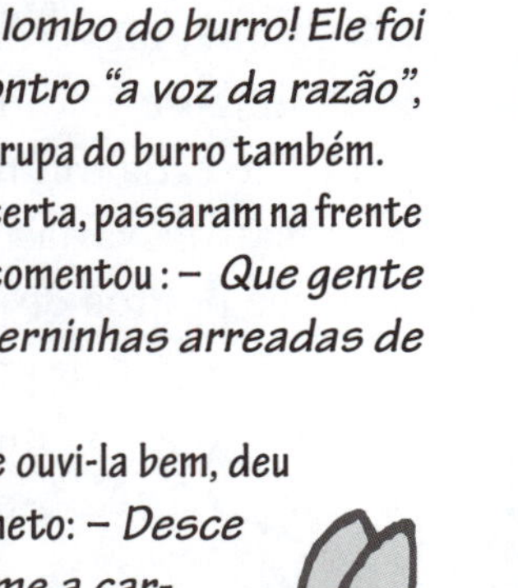

29 Coisas de índios

Objetivo:

Identificação de semelhanças e diferenças entre os objetos cotidianamente utilizados pelos índios e aqueles utilizados pelos alunos.

Permite a abordagem de tema transversal:

Ética: Exercitar a cooperação e a disposição para ouvir ideias, opiniões e argumentos alheios.

Pluralidade cultural: Uma visão de como um objetivo ou necessidade podem ser atingidos de formas distintas, observando cada cultura.

Você vai precisar de:

Cópias de desenhos ou fotos de objetos utilizados pelos índios. Elas deverão ser recortadas de forma a conter os objetos separadamente. O número total destes recortes deverá ser o suficiente para que cada aluno receba 2 ou 3 deles.

Objetos que podem ser usados: cuia, cocar, pilão, oca, adornos, instrumentos musicais, tanga etc.

Uma cartolina para cada 4 ou 6 alunos, tesoura e cola.

Dicas que auxiliam:

Não se deve usar arcos e flechas, porque serão associados a armas, o que não é interessante em um processo educacional.

Preparação:

Dar aos alunos uma pequena explicação sobre a vida e os costumes indígenas e distribuir dois ou três desenhos diferentes de objetos utilizados pelos índios.

Desenvolvimento:

As crianças deverão levar os "objetos" recebidos para casa e recortar de revistas objetos que, na nossa civilização, têm a mesma utilidade. Por exemplo: um cocar – um boné; uma cuia – uma tigela; um pilão – um liquidificador, e assim por diante. Na aula seguinte os alunos se reunirão em grupos de quatro a seis elementos e juntos analisarão suas "caçadas". Provavelmente eles terão vários objetos indígenas diferentes, mas também alguns iguais, e os correspondentes recortados em casa, nas revistas, deverão estar na mesma situação. Assim eles deverão, em grupo, resolver quais os objetos que melhor se correspondam, e arrumar o resultado do trabalho colando os recortes que escolheram em uma cartolina, que poderá ser motivo para uma exposição.

30 As profissões

Objetivo:

Identificar as diferentes profissões existentes nos grupos sociais.

Permite a abordagem de tema transversal:

Ética: Desenvolve uma situação de respeito e reconhecimento para com as diversas formas de atuação na sociedade.

Você precisará:

Desenhar no "quadro-negro" (ou similar) uma cidade que apresente seis localidades: centro da cidade, teatro, lojas, fábricas, praça e campo, as quais serão sucessivamente numeradas de 1 a 6.

Papeizinhos onde estarão escritas, individualmente, as profissões (1 para cada aluno).

Preparação:

Os papéis deverão ser embaralhados e distribuídos aleatoriamente para as crianças. Cada aluno deverá fazer um desenho que corresponda à profissão escrita no papelzinho que recebeu.

Desenvolvimento:

1ª etapa:

O professor jogará um dado (se for um dado gigante será muito mais atraente para os meninos – poderá ser feito de cartolina).

Conforme o número que cair ela deverá "povoar" o local correspondente. Por exemplo: Se o número sorteado for 3, o local a ser povoado são as lojas. As crianças deverão verificar se possuem em seu papelzinho uma profissão que se exercite neste lugar. O professor dirá:

Cadê os representantes deste local?

Os alunos que tiverem as profissões correspondentes ao local sorteado deverão correr até a frente com o seu desenho, e o professor, fazendo as devidas correções, reforçará em que ela consiste e qual a sua utilidade, e dará um ponto para quem acertar. O jogo continua até o decurso do tempo disponível ou pelo decréscimo do interesse.

2ª etapa:

As profissões se juntam por categoria para discutir como é o "dia a dia" de cada um no seu trabalho e como ajudam a cidade a melhorar. Depois disso eles designam um representante que irá defender a "categoria". Reunida a classe outra vez, cada representante falará sobre como as profissões de cada categoria auxiliam no desenvolvimento da cidade.
Com algumas considerações sobre a utilidade de todos, a atividade pode se encerrar aí, mas, se houver tempo, pode-se terminar com mais uma fase.

3ª etapa:

Cada aluno individualmente votará na profissão que o deixou mais impressionado dentre todas as categorias, aquelas que ele achou mais importante.

Esta reflexão valerá por si só para que cada um pense no que é significativo para si, pois a votação é imprevisível e não será importante.

O professor fará a apreciação, falará sobre o resultado explicando que é apenas uma opinião da classe, pois, em uma comunidade, todos são imprescindíveis.

1 Campo:
Agrônomo, tratorista, plantador, veterinário, colhedor, boiadeiro, garimpeiro.

2 Teatro:
Artista, bailarina, músico, maestro, cantor, iluminador.

3 Lojas (Comércio):
Vendedor, padeiro, jornaleiro, operador de caixa, cabeleireiro, empacotador.

4 Serviços públicos:
Guarda de trânsito, delegado, lixeiro, carteiro, motorista de ônibus, vereador.

5 Cidade:
Médico, professor, padre, enfermeiro, diretor de escola, advogado.

6 Fábrica:
Engenheiro, químico, ferramenteiro, mecânico, conferente (inspetor), motorista.

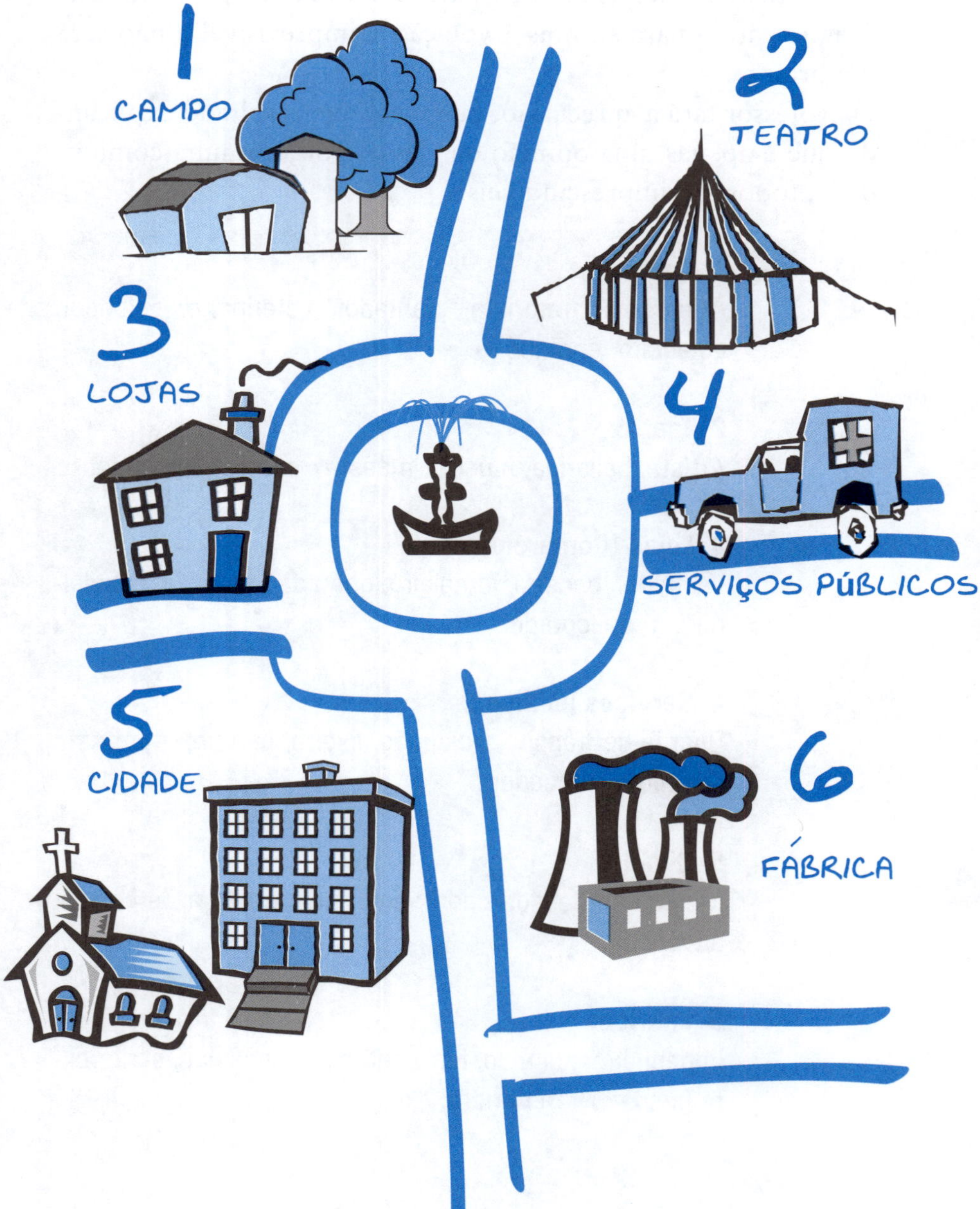
1
CAMPO
2
TEATRO
3
LOJAS
4
SERVIÇOS PÚBLICOS
5
CIDADE
6
FÁBRICA

31 Encontro com um extraterrestre

Objetivo:

Caracterizar os materiais recicláveis e evidenciar as possibilidades de reaproveitamento.

Permite a abordagem de tema transversal:

Meio ambiente: Necessidade e utilidade de formas de coleta seletiva de lixo e seu destino.

Você precisará de:

Quatro caixas de sapato (ou similar) com um rótulo que dê para toda a classe ler, com as seguintes palavras:

- vidro
- latas
- papel
- resíduos orgânicos

Preparação:

Pede-se aos alunos para escreverem em um papel o nome de um objeto que seja feito de um só material. Por exemplo: um copo, uma maçã, um livro etc.

Desenvolvimento:

O professor explicará que encontrou com um extraterrestre muito triste, porque sua nave sofreu uma pane e está praticamente destruída. Como ficou com muita pena dele, perguntará a seus alunos se pretendem ajudá-lo.

Se todos aceitarem, o que com certeza ocorrerá, sugere-se que os alunos "deem de presente" o objeto que acabaram de escrever nos papéis. O primeiro "voluntário" lerá o que escreveu. Seja qual for o objeto, deve-se dizer:

– Bem, não acho que isto sirva, mas vamos colocá-lo nesta caixa para ver o que ele poderá fazer com isso.

Os alunos deverão indicar qual a caixa em que o objeto deverá ser colocado, conforme a categoria que pertence: vidro, lata, papel ou resíduos orgânicos, e o "presenteador" deverá levantar e colocar o "seu objeto" (o papel que ele representa) na caixa correspondente.

Sucessivamente os alunos vão levantando e dizendo qual é o objeto que irão dar para o extraterrestre. A resposta deverá ser sempre a mesma:

– Não sei para que servirá, mas vamos classificá-lo colocando em uma das caixas.

Depois que todos passaram, o professor deverá olhar para a caixa pensativamente e dizer que realmente não sabe o que poderá fazer com tudo isso. Finalmente dramatizará que teve uma boa ideia! Quem sabe tudo poderá ser reciclado e produzir algo de utilidade? Assim perguntará aos alunos, começando com os vidros: O que será que se pode fazer com eles? Deve-se deixar que os alunos tenham ideias, que poderão ser essas: Fazer um para-brisa novo! Refazer a frente de um capacete! Consertar os faróis! Exaurido este assunto, passa-se para a caixa de metais e, da mesma forma, surgirão as ideias: Refazer a fuselagem da nave, fazer galões para armazenar combustíveis. Para o papel, pode-se sugerir refazer os mapas lunares ou confortáveis colchões. Os elementos orgânicos poderão ser reciclados em alimentos, combustível ou mesmo servirem de adubo para iniciar uma plantação em seu planeta.

Será muito conveniente após esta atividade falar sobre a reciclagem de resíduos e como é importante a classificação na sua coleta.

32 Gerando passarinhos

Objetivo:

Complementar, exemplificar e fixar os conceitos de reprodução.

Permite a abordagem de tema transversal:

Educação sexual: Permitir que os alunos visualizem o mecanismo de concepção e possam discorrer sobre eles.

Você precisará de:

Máscaras de "bicos de passarinho" para os meninos e "tiara de lacinho de passarinhas" para as meninas (uma maneira de fazer está descrita nos desenhos a seguir). Aproximadamente 20 garrafas iguais de refrigerante descartáveis de 2l (1 para cada dupla de menino e menina), 1/2kg de feijão para cada equipe, pedaços de algodão.

Dicas que auxiliam:

É interessante aplicar-se esta atividade após ser ministrado o sistema de reprodução humana. A avaliação da equipe vencedora dará ensejo à explicação que reforçará a apresentação da matéria. Uma revisão poderá ser conveniente.

O uso de bicos de passarinhos e de lacinhos de passarinhas é somente para suavizar as interpretações no caso de estar-se trabalhando com crianças oriundas de comunidades muito conservadoras. Se o orientador julgar conveniente, poderá dispensá-los.

Como fazer o bico de passarinho

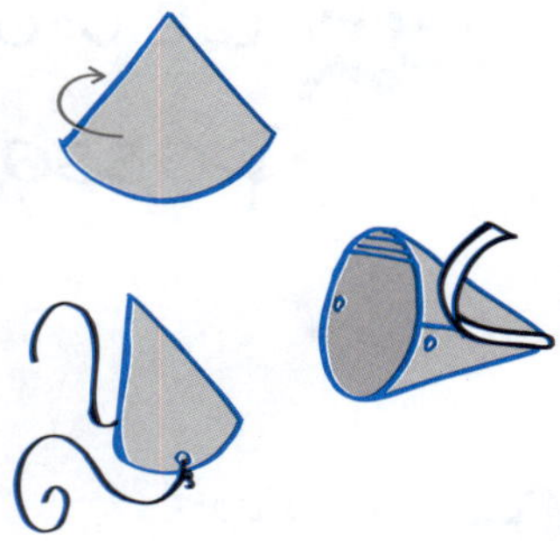

Como fazer a tiara de lacinho de passarinha

Preparação:

- <u>Participantes</u>: As equipes deverão ter número igual de participantes, cada qual dividida por igual número de meninos e meninas. O ideal são 3 ou 4 equipes de 5 meninos e 5 meninas. Para a formação dessas equipes, leva-se em consideração o número de crianças do sexo de menor representatividade e faz-se uma divisão que mais se aproxima disso. Com muita probabilidade sobrarão algumas crianças. Elas serão os auxiliares de equipe. É interessante que as equipes tenham um número igual de auxiliares, mas é possível trabalhar-se com números diferentes para que todos possam participar.
- <u>Material</u>: Preparam-se tantas garrafas quantas forem as duplas de passarinho. Em seguida, deve-se enchê-las com água até o meio aproximadamente (apenas para que não caiam) e, em metade delas, coloca-se um pedaço de algodão pequeno, mas que seja perfeitamente visível para todos. Cada equipe deverá ter o mesmo número de garrafas com algodão.
No lado oposto onde estão as garrafas, ou seja, atrás dos meninos, existirá um monte de feijão para cada equipe correspondente a aproximadamente 1/2kg, disposto de forma a possibilitar o recolhimento de um punhado durante o jogo.
- <u>Para iniciar</u>, os meninos colocam os seus bicos e as meninas os seus lacinhos e dispõem-se conforme o diagrama anexo, que também ajuda a visualizar a disposição do material para o desenvolvimento do jogo.

Desenvolvimento:

Ao sinal de início a primeira menina de cada equipe sai do seu lugar e pega a primeira garrafa correspondente à sua equipe para levá-la até o ponto demarcado. Obedecendo o mesmo sinal de saída, o primeiro menino de cada equipe vai até o monte de feijão correspondente, pega um punhado com as duas mãos e com ele se dirige até o centro, onde a garrafa foi colocada (ou estará sendo colocada) e, parando ao seu lado, com as mãos na altura do seu peito, despeja o punhado de feijão objetivando acertá-los dentro da garrafa.

Feito isso, ambos correm para o seu lugar de origem, batendo na mão dos próximos participantes (o próximo menino e a próxima menina) de sua equipe, que repetirão estas mesmas ações. Cada auxiliar de equipe pega a garrafa usada e leva-a para junto das demais. No caso de não haver auxiliares, a própria menina é quem leva a garrafa usada na rodada anterior antes de pegar a próxima. O jogo pode acontecer passando-se mais do que uma vez a bateria de garrafa. Provavelmente passar duas vezes será o mais aceitável, porém, se houver interesse, pode-se fazer a rodada até três vezes.

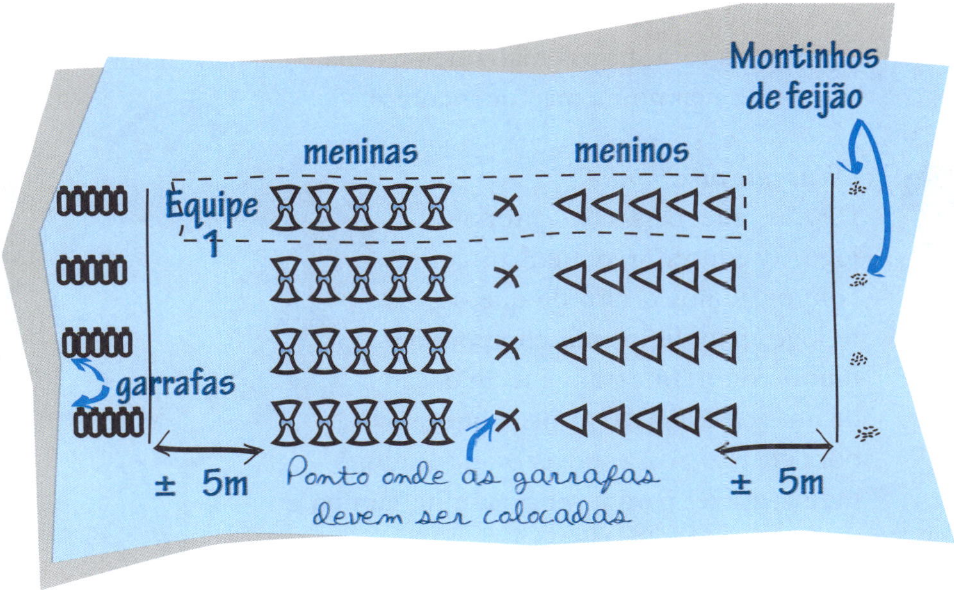

Para fazer-se a avaliação do jogo, sentam-se todos os alunos em círculo e contam-se quantos feijões cada equipe acertou dentro da garrafa. A surpresa virá neste momento, quando somente se contarão pontos para as garrafas que possuem o algodão flutuante, pois é só neste caso que havia um óvulo pronto para a fecundação.

A explicação que complementará a matéria é que os feijões representavam os espermatozoides que, em grande número, não são todos que chegam à fecundação e que, mesmo assim, para que um novo ser seja gerado, é preciso haver um óvulo pronto para a fecundação.

Regras:

a) A garrafa que participa de cada rodada só poderá ser retirada quando ambos os passarinhos (menina e menino) chegarem ao seu lugar na equipe.

b) Os novos jogadores, o passarinho e a passarinha, só poderão sair de seu lugar para nova jogada quando a garrafa correspondente ao seu time, usada pela dupla anterior, for colocada no ponto certo (atrás das meninas).

c) A dupla só poderá sair para nova jogada quando a dupla que a precedeu tocar na sua mão (menina "bate na mão" da próxima menina e menino na mão de menino).

Dicas que auxiliam:

Depois que cessar a euforia do jogo, o educador poderá discutir com os alunos o fato de que, neste jogo, não vimos um componente muito importante para a fecundação de um bebê, que é o AMOR, e que, embora ele não possa ser visto ou tocado, é indispensável para a felicidade da família e do futuro bebê.

Para escolher

a seguir, um resumo das atividades e de seus objetivos, classificadas por disciplinas e outras características

Português

	Atividade
2	**Pontuação** Fazer um treinamento de pontuação.
4	**Brincando de plural** Fazer com que as crianças exercitem o uso do plural.
5	**Aumentativo e diminutivo** Fixar o aumentativo e o diminutivo de algumas palavras.
7	**Repórter cultural** Exercitar formas de expressão oral.
8	**Jogo do dicionário** Estimular a utilização do dicionário.
11	**Construindo confiança** Exercitar a comunicação. Fazer-se entender e procurar entender o outro.
12	**Olho vivo!** Aprender a classificar os substantivos e treinar a memória.
19	**Brincando com coletivos** Treinar o coletivo dos substantivos.
20	**Cartelinhas desafiantes** Reconhecer figuras e escrever os seus nomes. Identificar palavras segundo classificações diversas.
21	**Plural pega singulares** Exercitar o plural.

Matemática

3	Pares e ímpares Identificar os números pares e ímpares.					
6	Bingo de continhas Incentivar o aprendizado de contas.					
10	Jogo dos grupinhos Gravar e brincar com números pares e ímpares.					
22	Calculadora gigante Exercitar e reforçar o aprendizado de contas simples.					

Geografia

13	Chapéu chinês Auxiliar a compreensão do movimento de rotação da Terra.					
14	Pontos cardeais Fixar a posição dos 4 pontos cardeais.					
26	Os dois lados do rio Conhecer as partes de um rio.					

Ciências

	Atividade
1	Quebra-cabeça de alimentos Demonstrar o que é equilíbrio alimentar.
9	Fraquinhos se alimentando Fixar a divisão dos alimentos em grupos.
15	Selo do corpo Discernir, dentre os produtos de consumo, alimentos, bebidas e produtos de higiene pessoal que colaboram com a preservação da saúde.
16	Levando sementes para solo fértil Reforçar a aprendizagem dos elementos que possibilitam a fertilização do solo.
17	Reino do mar e da terra Classificar os seres vivos de acordo com o ambiente em que vivem.
23	Defensores da natureza Fazer comparações e suposições sobre os modos de vida dos seres vivos.
31	Encontro com um extraterrestre Caracterizar os materiais recicláveis e evidenciar as possibilidades de reaproveitamento.
32	Gerando passarinhos Complementar, exemplificar e fixar os conceitos de reprodução.

História

18 **Semáforo de ideias**
Reconhecer e se posicionar em relação às situações que vive no ambiente escolar, familiar e social.

24 **Fazendo história**
Comparar acontecimentos no tempo, tendo como referência anterioridade, posterioridade e simultaneidade..

25 **Fonte de desejos**
Reconhecer aspectos da vida escolar e a importância de participação na resolução de problemas que afetam suas vidas.

28 **Se eu fosse o velho, o menino ou o burro**
Entender a história como um conjunto de fatos que podem ser vistos sobre diferentes perspectivas e pontos de vista.

29 **Coisas de índios**
Identificação de semelhanças e diferenças entre objetos cotidianamente utilizados pelos índios e aqueles utilizados pelos alunos.

30 **As profissões**
Identificar as diferentes profissões existentes nos grupos sociais.

Temas transversais

O que são?

Os temas transversais são assuntos que “atravessam” todas as disciplinas, porque englobam conteúdos que, de uma forma ou de outra, estão presentes em todas elas e que são de fundamental importância para a formação do adulto que desejamos: consciente, autossuficiente e comprometido com a construção de sua comunidade.

Formam um conjunto de temas agrupados da seguinte maneira: ética, meio ambiente, pluralidade cultural, saúde e educação sexual e fazem parte do conteúdo dos Parâmetros Curriculares Nacionais.

As atividades propostas neste livro procuram seguir estas orientações, e, à medida que convidam o aluno a pensar em determinado aspecto de uma disciplina tradicional, o faz vivenciar situações que fazem com que este conhecimento tenha sentido e venha a ser utilizado no seu cotidiano de uma forma ética e construtiva.

Para facilitar a consulta, apresentamos, a seguir, os temas transversais que são trabalhados nestas atividades.

Onde achá-los?

Ética 7-8-9-11-15-18-19-23-24-25-29-30

Meio ambiente 15-16-23-27-31

Pluralidade cultural 2-7-13-28-29

Saúde 1-9-15-23

Educação sexual 32

Trabalho em equipe

O trabalho em equipe é importante elemento na formação educacional, exercita cada um a viver em sociedade, enfatizando a adoção de comportamentos que colocam o objetivo da equipe à frente dos objetivos de cada um.

Com crianças isso acontece de forma muito espontânea, cada uma assumindo naturalmente o papel que melhor lhe cabe na direção da solução de um problema conjunto.

Os adultos não devem se impressionar quando as diferenças de opiniões causam tanto tumulto que parece que a ordem nunca mais irá se restabelecer. A ênfase, muitas vezes exagerada, em colocar suas posições faz parte do exercício que, amparado por uma supervisão discreta, permanente, mas nunca intromissora, levará certamente a uma conclusão produtiva para o grupo, sobretudo porque reflete o ponto de vista de cada um de seus integrantes.

Embora muitos adultos possam não acreditar, esta afirmação é comprovada por quem tem dedicação em experimentar: uma equipe formada por crianças ou adolescentes tem muito mais facilidade em chegar a um acordo e partir rapidamente para uma ação produtiva em conjunto do que uma formada pelos mais velhos...

Algumas regras auxiliam o trabalho em equipe com crianças:

- Ter uma perfeita definição em relação à composição da equipe.
- Ter um objetivo perfeitamente definido.
- Ter um equilíbrio entre os participantes do grupo.
- Ter um espaço físico bem definido para cada equipe.
- Dar um tempo adequado para o desenvolvimento da tarefa.

Classificação das atividades por equipe

As atividades que compõem este livro são aplicadas com os seguintes agrupamentos de alunos:

6-12-13-18-20-25-26-27-31

3-5-7-10-11-14-17-19-21-22

16-23-28

1-2-9-15-24-29-30-32

4-8